謝謝你留下來陪我

為失智者、照顧者找出口
林靜芸醫師勇敢書寫林芳郁院長的故事

林靜芸、洪淑惠—合著

致謝

「為失智者書寫，留下人生印記，
因為，他們都有獨特且不可取代的人生。」

本書獻給所有失智照顧者，祝福你走過的地方和未來的道路。

「林芳郁院長的貢獻明顯被低估了！」

石崇良／衛生福利部中央健康保險署署長

「林院長是生活極簡，卻靈魂豐盈的『文藝復興』人。」

吳明賢／台大醫院院長

「北榮『重粒子癌症治療中心』成果，印證了林院長當年的高瞻遠矚。」

陳威明／台北榮民總醫院院長

「他有顯赫的經歷，卻是一位最不靠頭銜帶人的領導者。」

邱冠明／亞東紀念醫院院長

「推動高齡醫學，如果沒有林院長，我想我做不到。」

陳亮恭／台北市立關渡醫院院長

序言

我為什麼要寫這本書

林靜芸

可能因曾任職台大、榮總及亞東醫院三家醫學中心的院長，還曾任衛生署長，有幾家出版社想為林芳郁出傳記書，他都沒有答應。他從亞東醫院退休後，思緒仍清晰時，我數度問他，是否要寫本書為一生留點紀錄。

他總是回我說：「有誰會記得他阿公的名字？才隔一代，孫子都不知道阿公的名字，誰會真的想看別人的傳記？」、「再偉大的事，只要過十年，就微不足道了。」他向來不討論自己的成就，更別說要出一本為自己歌功頌德的書。

林芳郁剛發病時，我覺得整個人生都要完了。但我回憶起，大約二十年前，我和兒子的關係很緊張，甚至哀歎怎會生一個這樣的兒子來氣我。很幸運地，聯合晚報的朋友來邀請我寫專欄文章，沒想到「寫作」意外地救了我。

我把想跟兒子說的話，都寫進文章裡。後來有人誇我的文字真誠，當然很真誠，因為那是一個媽媽對兒子的表白。寫作幫助我跳出框架（Think outside the box）。寫作需要先思考和專心，文章完成時，思緒理順了，想法也會隨之改變。愈寫愈多，我與兒子的關係，也漸入佳境。所以，整理出版這本書，或許能再拯救我一次。

我喜歡寫作，想寫下生命裡的人和事。我的父親林秋江醫師過世時，我曾提筆，想寫下我那骨子裡是個法國人的父親，作為讓人敬重的外科醫師、愛家愛妻小的男人浪漫一生。但失去父親的傷痛，使我一個字也寫不出來。這次，我決定向老朋友求援，找來相識多年的記者老友洪淑惠一起書寫整理此書。

我的先生林芳郁，是我心中最了不起的人。會想出版這本書，源於我對他的愧疚。因著我的忙碌，加上他絕少和我在家談論工作，所以我沒能在他還記得時，替他做點紀錄。感謝幾位與他親近的親友和同事們，包括葉金川前署長、吳明賢院長、陳威明院長、邱冠明院長、何弘能院長、陳亮恭院長、石崇良署長、陳晉興主任、虞希禹主任、陳晉誼主任及我先生的妹妹林素惠……，願意在百忙中撥冗，寫下或協助記錄他們眼中的林芳郁。

展讀這些文章和資料時，我得以從不同視角，審視林芳郁人生與事業中的重要足跡，和對別人的影響，很多故事是我聞所未聞的。我數度激動地轉給兒子女兒看，盼他們更瞭解自己的父親。一生耿介內歛、話語不多的林芳郁，原來在無聲無息中，做這麼多事，創造無數成果。他的無私，改變許多人的命運。

本書另一半篇章，記載他努力當一個好病人，以及我學習成為一個照顧者。他並非故意要生病，我不認為成為一個病人，有什麼不好說或不能寫的。

他生病後，我看了很多和失智有關的書，有好幾位作者分享的經驗，真實地幫到我，也安慰了我。一位日本醫師娘荒井和子女士寫的《謝謝你，從阿茲海默的世界回來》一書，寫她那當醫師的先生失智了，但隨著健康進步，醫師的認知能力逐步恢復，讓我深受激勵。我也從身邊找典範，看到年近九十歲的老朋友劉文舉董事長毫不放棄，最終把中風瀕臨死亡的太太救回來，重拾幸福，也給我很大的信心。

我自己既是醫師，也成了照顧者，常能聽到好些朋友、病人跟我說，他們照料生病家人的難處與困頓。我期望我與先生的故事，能帶來一些正向力量。

我心底還有一個小小的祈求，書寫整理這本書，或許能幫我再得回一個完整的丈夫。

打從我認識林芳郁，他就是凡事認真，凡事全力以赴，非常重信守諾。我們在醫學院念書時，有一次班際拔河比賽，拔河最後一個「後位」多半會選體重較重的人壓陣，但我們班的後位是高瘦的林芳郁，就是因為同學都信任他的承諾和意志力。

「重然諾」是他個性中最重要的特質。只要他答應我的事，我就放心了，因為即使咬牙硬撐，他也絕對會說到做到。他生病後，我不斷問他：「你要好起來，好不好？」他都認真答：「好！」我對他說：「你要努力，要多走路。」他也回我說：「好！」我知道，他原來是一個多討厭走路的人。常常我們帶他出去走路運動，他雖然滿腹不高興，但總盡力跟上我們的步伐，走到大汗淋漓、上氣不接下氣。他無法言說，可是你能看出，他是多勉強在配合。

每天最激勵我的時段，就是早上我要出門時，與他的對話。今早我又問他：「爸比，你今天會不會努力走路呀？」他過去那種爽朗乾脆應允我請求的有力聲音又回來了，他答道：「會！」即使冬天寒雨無法出門，他也會跟著外籍看護在住家大樓上下爬樓梯做運動。

他拚命履行對我的承諾，每天努力運動，他的身體狀況也逐漸好轉，自信也慢慢回來了。疫情剛解封時，我們要去日本旅行，行前他說「應該不可以去」，透露他對自己沒有把握。最近我們去越南玩，行前我問他意見，他大聲說：「好！」

我們常一起追劇。最近我們在看一部舊韓劇「吹吧微風」，劇情講朝鮮脫北者孫女到首爾尋找有錢爺爺，女主角遲遲無法與爺爺相認。我和外籍看護幾次都猜測「這次爺孫會相認了吧」，我先生都會說「沒有」。結果證明他才是對的。

在生病近五年後，他走路變得比較徐緩，但是很多方面都在進步。為他穿脫衣服曾是最難的，不是領口卡住，就是他不配合，要追著他滿家裡跑。現在他能自己脫衣服，只要幫他套好兩隻袖子，他也能自己穿好。單單這件事，就足夠讓我感謝上天了。

我先生剛發病時，以醫學的說法，就是有明顯的精神症狀，用白話說，他就是瘋掉了。坦白講，當時照顧他，遠超過我的能力，我不是沒想過把他送到專業機構去。如今回想，如果真把他送到長照機構，機構應該沒有能力照顧，而他大概早已離開我們了。

我很慶幸自己有堅持下來。現在每天都能看到他慢慢在進步。我開心地欣賞著他，又能拿筷子吃飯了，又會挑食了，又只吃肉不吃青菜，偶爾還來夾我的肉吃。我知道，他正在慢慢地回來了。

假如我有什麼可以分享的，我想跟失智者家人說，照顧失智者確實艱難，也不免挫折傷心。但讓我們想像一下，他們生病的感受，就像一個外星人，意外降落到地球人的世界。他們因此變得不可理喻，也是正常的。我們能做的，就是直面並接受疾病，在疾病中創造溫暖與舒適，耐心地讓他理解現在他真實的處境，給他充分的愛。其它的，就盡力而為。

感謝聯合報朋友們的鼓勵和鍥而不捨，這本書終於由想像到得見天日，並付印成書。但我心中的忐忑是過去出版書籍未曾有的。原因是，這本書是由主要照顧者也就是我，來替代林芳郁發聲，講他的故事。即使我與編寫團隊盡力尋訪查證，許多人事時地物的細節，恐怕仍難免記憶疏漏錯置或理解偏誤，如有冒犯或不夠嚴謹的地方，還請見諒哦。

為失智者書寫，留下人生印記，不管在國外或國內，都在嘗試階段。我這次的實作，也想鼓勵照顧者，為失智的家人留下一點紀錄，因為，他們都有獨特且不可取代的人生。

一路走到這裡，我覺得，書寫和記錄也是一種生命分享。如果知道這本書是這樣寫成的，林芳郁應該會點點頭，對我說：「只要是對的事，就去做吧。」

目錄

輯一 他的浪漫

輯二 領路與開創

1．非典型的外科醫師——074

致敬林芳郁老師》邱冠明／亞東紀念醫院院長——078

2．等待杜鵑啼——084

林芳郁教授的醫者之道》虞希禹／台大醫院心臟血管外科主任——092

3．重整台大急診部——102

EMT，台灣緊急醫療救護轉捩點》石崇良／衛生福利部中央健康保險署署長——108

4．人才與管理——116

充滿人文氣息的林院長》何弘能／台大醫院前院長——122

5．他與VIP們——126

院長談院長》吳明賢／台大醫院院長——134

6．衛生署長始末——138

認識六十年的林芳郁》葉金川／前衛生署署長——143

林芳郁教授的人生選擇》陳晉興／台大醫院外科部主任——147

7．出掌台北榮總及亞東醫院——150

大刀闊斧改造榮總》陳威明／台北榮民總醫院院長——157

推動高齡醫學這一路》陳亮恭／台北市立關渡醫院院長——163

輯三 生病後的他

輯四 寫給在苦難中的照顧者

／輯一／

他的浪漫

“

從大一成為班對後，我們就形影不離。
相伴超過半個世紀，我是跟他一起長大的。
我想，世間應該很少有男人，能像林芳郁愛我一樣，
去愛一個女人，視我猶如他手中的珍珠。

這一個人，他的前半生

——宛如從論語、孟子書中走出來的人

林芳郁的前半生，是書中才會出現的那種人。

他民國三十九年出生，是宜蘭羅東一位有名望醫師的兒子。他的母親是續絃，出身顯赫家族的元配大媽因病早逝，父親才再娶。小林芳郁就成了鄰居孩子口中「後母的小孩」。即使身為醫師兒子，他仍難免自卑。

因為父母堅持儉樸家風，林芳郁的童年過得跟窮孩子沒兩樣，沒有零用錢，唯一的玩具是附近酒家後院的酒瓶瓶蓋。小孩們會比賽誰把瓶蓋踢得最遠，也會把不同的瓶蓋想像成千軍萬馬，玩著玩著，林芳郁的瓶蓋總會變成號令大家的將軍，他常帶著玩伴去跟別的陣營打仗。那時似乎可以窺見他的領袖潛質。

只要是對的事，就義無反顧

林芳郁曾說，兒時影響他最大的一件事，是就讀的國小要選拔學生會長，他想去試試看卻又猶豫不決，因為參選學生會長不但要上台講話，爭取支持，還要跟別人競選。但他的父親對他說：「只要是自己覺得是對的事，你就去做。」他思考後決心投入參選。自此，他秉持父訓，只要是對的事，就義無反顧。

我聽他講在宜蘭求學的事，都好像在聽書中的故事。他初中讀宜蘭中學，家住羅東，得搭火車通學。跟他一起搭車的同學有十幾人。林芳郁帶著他們邊坐火車邊背英文單字，還討論解題。自己努力讀書外，他更在乎同學的成績。

像我這種台北女生，都是對別人說，我昨天在睡覺沒有讀書，怎可能幫別的同學解題背單字。可能就是因為他闊然大度的特質，多年後他才能為宜蘭中學號召舉辦了一場校史最大規模的畢業生回母校活動。

當年的聯考制度設計是，如果林芳郁決定跨區來台北考高中，考不上好學校的話，他也無法回宜蘭讀高中，所以來台北考聯招是需要勇氣的，不過他也順利考上建國中學。但收到成績單後，他耿耿於懷，因比自己預估的分數低，他去申請複查。很多人勸他，都已考上建中，何必複查，萬一查出問題落榜，不是沒事找事。

但林芳郁堅持複查，因為他自信成績應該更好。在衆人反對下，申請複查後竟然發現，他有一整頁的考卷成績被漏列未計，少了整整五十分。意即被漏計五十分，他一樣考上高手雲集的第一志願。

我是後來從他講的很多故事才了解，他實在跟一般人很不一樣。他很像是從論語、孟子等古書中走出來的人，就是書上寫，正直的人應該如何如何，他就是那種人。

這兩個第一名：林芳郁與馬英九

他在建中的成績依然名列前茅。高三考模擬考時，他是丙組的第一名，而丁組的第一名是馬英九。所以，林芳郁和馬英九早在高中就相識且惺惺相惜。這也是馬英九二〇〇八年擔任總統時，會邀請林芳郁入閣，出任衛生署長的原因之一。

從建中畢業後，他順利考上台大醫科，並以第二名成績畢業。第一名是蔡茂堂，他後來放棄當醫師改行當牧師，成為上帝的僕人。我和林芳郁是同班同學，我的成績尚可，維持在可領書卷獎的名次內。我認識他時，他講話總是：「對父母要盡孝，對人要盡忠」、「要忠黨愛國」、「有能力就當報效國家」。那時我心中常狐疑，這個人到底是怎麼一回事？怎麼老說這些不實際的話？

後來觀察他為人處事，他又真的言行一致，不是說一套做一套的人。他在衛武營服役當預官軍醫，別人當醫官是打混或念書準備出國考試。他卻認真到一直領獎狀，去成功嶺也拿獎狀。後來調到關東橋，曾衣不解帶地照顧一位受傷的官兵，也拿了獎狀。這就是他的做人原則，不管被賦予什麼任務，就是要盡力做到最好。

差點成為婦產科醫生

從醫學院畢業後，林芳郁一度想選婦產科，但他不喜歡那時台大醫院盛行的紅包文化，就去台北榮民總醫院應徵當住院醫師，榮總的人事主任問他：「你的介紹人是誰？」林芳郁答說：「我沒有介紹人。」沒想到榮總人事主任說：「你的成績這麼好，我做你的介紹人好了。」台北榮總果真錄用他。

那時我們已在交往，我反對他去榮總走婦產科。他也聽從我的建議，回台大外科當住院醫師，並決定走心臟外科。事實上，他早從大四就開始跟著連文彬老師學心臟內科，想把心臟方面的學科都學透徹。

十三位病人連署送的獎座

結果他在台大醫院當第一年住院醫師，又領回幾個獎座，其中一個是由十三位病人具名送的。第一年住院醫師拿到病人送的感恩獎座，這在台大恐怕史無前例。

當年的台大病房是大房間裡擺了十幾張病床。林芳郁負責照顧同一間大病房裡十三位病人。林芳郁總是一早就去看病人，到很晚還要再去巡看，盡心盡力，忙得滿頭大汗。病人們深受感動，竟然聯名訂製一個獎座，上面寫著「視病猶親」四個大字和十三位病人的署名。林芳郁很珍惜，那獎座在我們家擺了好幾十年。

他年輕起就多次收到病人送的獎座，我沒有問過他是否開心。我想他自然會因病人的肯定而感動，但一向尊師重道且低調的他，可能會有些不好意思。

等到林芳郁受完第三年住院醫師訓練，剛好台灣與沙烏地阿拉伯簽署了中沙醫療合作計畫，首任團長是張錦文，我方要選派醫護人員，去沙國協助建立現代化醫院。那時台大外科主任洪啟仁承諾要派醫師前往支援。洪啟仁初始的想法是，選派沒有機會留在台大醫院的醫師前往。但是被徵詢的醫師，有的說要回家鄉執業，有的藉口如果去沙烏地阿拉伯，媽媽會想不開。眼看找不到志願者，而篤定可留在台大的林芳郁，不忍見老師苦惱，竟然去跟洪啟仁請纓，自己願意去沙國，因之延後他升任總醫師的機會。

在沙國，一年開一百多檯心臟手術

只是林芳郁是以住院醫師身分前去沙國，沙國當時的醫師制度只有住院醫師和主治醫師兩種級別，他形同最低階的醫師，所以整整被「欺負」一年。他去沙國，我只好跟著去，因為女生不必服兵役，較早完成住院醫師訓練，所以我是以主治醫師身分去的。一年後，他返台回台大完成總醫師訓練後，再以主治醫師身分回沙國支援醫療一年；此時我則在美國紐約深造。

林芳郁重回沙國時，由於他很會解決問題，開刀認真，心靈手巧，那一年，就開了一百多例心臟手術，成果很好，死亡率非常低。加上他擅長溝通協調，不久就被升為副團長。雖說是副團長，但團長張錦文人在台灣，林芳郁既要負責醫療又要管行政，在異國兩年，於忙碌中得到很好的歷練。

結束沙烏地阿拉伯的支援任務後，他回台大升任心臟外科的主治醫師。他個性內斂含蓄，若非不得已，幾乎不上媒體的。但他一生都不愁沒有病人，他還是個小住院醫師時，病人就會指名要由他主刀。

有一段時間，林芳郁的病人群間有一個很出名的說法，叫作「吃牛肉麵」。緣由是很多病人指定由他做手術，他又只是個菜鳥醫師，很難能排到開刀房時間。所以想讓他開心臟手術的病人，要很耐餓。常是前天或一早就開始禁食禁水，苦等手術室有空檔讓林芳郁開刀。但常常是大教授開完手術後，麻醉醫師就下班了，林芳郁的病人禁食大半天仍無法做手術，偏偏這時病房已無送餐，護理師只好請空腹餓很久的病人去吃牛肉麵。林芳郁的病人中最高紀錄，有吃了十一次牛肉麵，才順利動了手術。

改革台大手術室的論輩排刀

林芳郁的開刀日是周一、周四，吃了十一次牛肉麵，意謂至少要等手術等了五、六周。而且沒有開到刀，醫院會要求病人出院，下次再來重新排手術。很多病人是進出醫院好多次，還輪不到開刀。奇妙的是，林芳郁的病人不會換醫師，也不轉去容易排刀的大醫師，會死心塌地一直等他開刀。

親身經歷過排不到手術房的艱苦，等到林芳郁升任心臟外科主任時，他克服萬難強力主導，要求資深醫師應把手術室的空檔釋出，並設法讓每位醫師都有自己的手術時間。這個推動公平手術機會的改革，在講究排資論輩的台大是空前的。

林芳郁有句口頭禪「我受過的苦，我不讓在我之後的人再受。」這是他很深很根本的性格，他去不同的工作崗位，做很多改革，都是秉持這個想法。他不認為自己資深就該霸著手術室時間，反而重新設計制度，忍受流言議論，樂見夥伴或後輩有機會出頭，奠定台大外科長期發展的基礎。也基於同樣信念，他協助當時的省立桃園醫院及台北市立陽明醫院開創了開心手術。到現在還有人跟我說，他們是在這兩所醫院，讓林芳郁做心臟手術的。

他竟然寫作文告白

——我們的戀愛故事，不是從一見鍾情開始的

林芳郁生病後，我忍不住想著，他可能有預感自己有一天會生病，會需要我照顧他。所以，從談戀愛的第一天起，他就全心全意地愛我疼我。等到那一天到來時，我也會全心全意地愛他照顧他。

緣起，兩個連在一起的台大醫科新生

我們的戀愛故事，不是從一見鍾情開始的。

當年大學聯考的榜單排名是依照考試成績。台大醫科民國五十七年聯招錄取的七十二個本地生中，前三名是嘉義中學畢業，第四名是彰化中學，第五名是北一女畢業的我，第六名就是建國中學的林芳郁。我北一女同班同學中，有一位也叫「林芳郁」。我媽媽看了榜單很高興地說：「妳們未來可以作伴。」

醫學系女生向來不多，排序在我之前的都是男生。沒想到，排在我後面的林芳郁實則也是個男生，且後來成為我此生中最重要的人。

因為大一男生要先上成功嶺，開學都已十月。新生註冊那天早上，我八點就想去學校報到。媽媽一定要哥哥陪我，哥哥是粗枝大葉的人，堅持十點到就好。母命難違，我好說歹說，央求哥哥出門，好不容易九點半到了體育館，早已排滿超長的隊伍。

我跟哥哥說，就跟著排吧。但哥哥不想排，跑去找熟人讓我們插隊。而林芳郁早上八點到，卻因有人插隊，他愈排愈後面。他的哥哥恰好和我哥哥是北醫同班同學。兩個哥哥平常誇自己人，我哥哥說我是北一女模擬考第一名。林芳郁的兄長也說，弟弟是建中模擬考第一名。兩位哥哥以為自家人會拿聯考狀元，結果都落空。我算小贏林芳郁，不過我一生中只贏他這一次。多年後我才知道，林芳郁那天早上排隊排得很生氣，還把帳記在我身上。他跟兄長說，他對我的印象很差，不喜歡我這種會插隊的人。

時髦的女孩與文青風男孩

我媽媽很有意思，從來不在乎我還不錯的學業表現，一心只希望我去讀那時的實踐家專，找一個男人好好把自己嫁了。我考上台大醫科，媽媽給我訂作了很多新衣服，告誡我：「妳已經考上大學了，千萬不要再一直死讀書，最重要的就是找人嫁了。」我想媽媽的話不無道理，上台大後，我就忙著穿新衣服和高跟鞋，每天去逛街，去公館的東南亞戲院看電影。

當時台大醫科上課常要編組，因學號相鄰，我和林芳郁常同組。他的穿著依然維持在宜蘭讀書時的風格：一襲白上衣配卡其褲，腳上是一雙布鞋。現在這樣穿叫文青風，但在我們年輕時，他實在不夠時髦。

我愛看電影愛做夢，他安靜又用功

那時的我愛看電影愛做夢，心中的偶像是電影「羅馬假期」的男主角葛雷哥萊．畢克，我一心想找個像他一樣又高又帥又多情，會跳舞會對女生花言巧語，最好還要會抽菸喝酒的男朋友，完全沒有把這個成天同組上課的土氣男生放在眼裡。

不過畢竟同組上課，我對他還是有些印象，只覺得他是個奇怪的人。他安靜不太說話，上課筆記寫滿密密麻麻的小字，筆記做得非常仔細。不管什麼科目，他都認真以對，包括非常枯燥的德文課。他常把筆記借我抄，我的分數還比他高，他也不生氣。

直到大一下學期的春假，我們兩人的關係才有了變化。春假前，他的建中同學想組團去太平山玩，團中有男有女，主辦的同學為了省錢就提議登太平山前後借住林芳郁家。據說林芳郁一口答應，但要他的同學「要邀林靜芸一起去」。主辦同學也真的來邀我，我聽了不置可否。見我沒回應，林芳郁自己來開口相邀，我想既然人家邀請了，加上我正值愛玩，也就答應同行。

他父母對我的第一印象

全團十二人浩浩蕩蕩出發了，不料林芳郁沿途都在照顧團裡另一名女生。那女生因為嚴重暈車，連下車都走不穩，全靠林芳郁緊攙著她才能勉強行動，他還脫下自己的外套給她穿，整個旅程從頭扶到尾。我冷眼旁觀，猜想他八成愛上那女孩。反正林芳郁不是我喜歡的那型，我也就沒多搭理他們。

我們依計畫，在旅程的頭尾兩天借住林芳郁的羅東老家。他家是三層樓透天厝。一樓是診所，二樓是住家，三樓有很寬闊的房間，很適合招待客人，我們一行人入住三樓。從一樓要上二樓，是要換拖鞋的，林芳郁的家人加上我們這個旅行團一行人，那放在樓梯口的鞋子數量非常可觀。

而我自小在長輩要求下養成的習慣是，在玄關或樓梯換鞋子後，不但要把自己的鞋放好，也應隨手把別人的鞋擺放妥當。所以我每次上下樓，就會順手把所有人的鞋子和拖鞋都全部擺好，這是我家的家教。沒想到林芳郁的父母把這件小事看在眼裡。

再加上，我看到長輩會打招呼、鞠躬問好，據說林芳郁的父母因此對我留下很好的印象，事後向林芳郁說：「你這次帶回來的人，這個女孩子好，有家教。」但我對這一切毫無所悉。

作文勇敢表白，對我「從討厭到喜歡」

春假回來後上國文課，老師出了一道開放性的作文題目「吾愛吾〇」，後面那格空格，可以自己填上並據以發揮。像我就寫「吾愛吾母」。但林芳郁寫的是「吾愛吾友」。作文中寫他如何從新生報到時，因我插隊而討厭我，到後來隨著相處機會增加，愈來愈喜歡我了。

有一天國文老師把我叫去問：「妳知不知道，你們班有一個人喜歡妳？」我沒想到，會有人透過作文來告白的，我有些狐疑，不太相信，因為我看他好像是喜歡別的女生。

不久後，林芳郁來找我說：「我是真的喜歡妳。」我當場反問他，不是喜歡那個暈車的女生嗎？林芳郁急著搖頭說，那只是助人，盡可能幫忙別人是他的個性。可能看出我的猶豫，在一次校際聯誼活動中，他不知哪來的勇氣，就在大庭廣眾，把他手中的花束逕直送給我。就這樣，我們確定在一起了。

林芳郁曾說過勇敢向我表白的心理轉折。他來自一個大家庭，作為後母的兒子，眼看母親都在疼已逝大媽的孩子，他從小就自知凡事要忍耐，要會看臉色，要能應付複雜的人際關係。宜蘭總下雨，天色多陰鬱，他份外渴望陽光，喜歡笑容。他發現我這個女生很特別，明明沒啥好笑的，也總笑得很開懷，讓他打心底歡喜。他想要未來的人生有很多陽光，所以想跟這個笑容滿面的女生在一起。

戀愛的日子：成天被他「封印」在圖書館

愛情降臨後，我才剛起步的大學玩樂生活，戛然告終。我成天被他「固定」在圖書館一起讀書，生活變得不太有趣。他想要成為一個好醫師，下決心要扎扎實實讀書學習。在我這個只想以最小努力獲得最好成績的人眼中，他的讀書方法很奇怪。還沒上課就先預習，上課後複習講義，再去讀相關書籍對照比較，之後再做很多提問，瞭解其間的差異。我忍不住想，有必要嗎？

讀醫學系要買很多原文書，但坦白說，包括我在內的醫學生，真的翻開來讀的，少之又少。至多就是跟著老師課堂上講的，畫畫重點。但林芳郁跟我們不一樣，他的原文書真的是用來讀的，看一次會畫一次重點，他的原文書至少要畫兩次重點。

其實，我最後會跟林芳郁真正在一起，和我公婆有關。婆家每一個人都非常疼我。交往期間，每次我去宜蘭他家玩，我公公拿生活費給林芳郁時，一定也會另外遞給我一個信封袋，袋上寫著「靜芸出張費」，「出張」是日文「差旅」之意，意即給我往來台北、宜蘭的差旅費津貼。真是非常可愛溫暖的長輩。我一直被婆家的長輩寵愛著，後來我的婆婆在台北與我同住二十年，直到她過世。

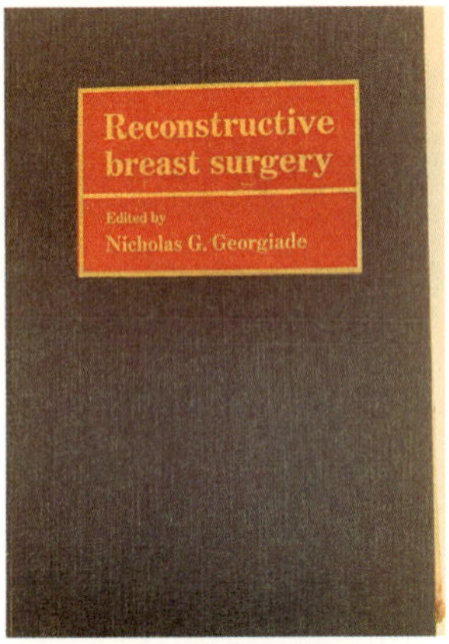

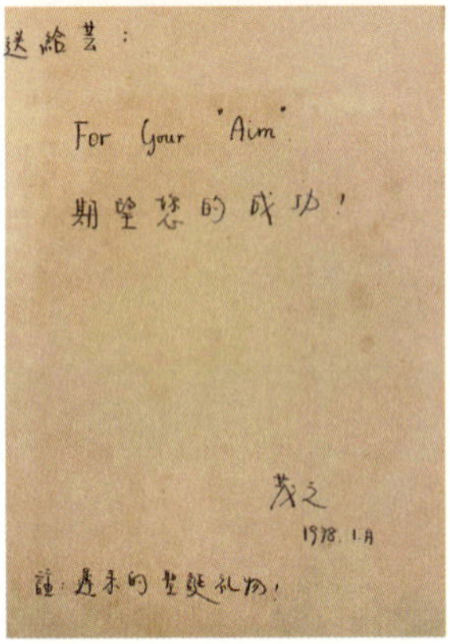

這本整形外科原文書是林芳郁送給林靜芸的禮物，表達期待她的成功。「茂之」是林芳郁給她書信的署名。

他怎能如此懂我

——不僅愛我，且真心地尊重我，總放手讓我發揮所長

年輕時的我，嚮往也欣賞那種英俊會玩的花花公子，像林芳郁這樣食古不化的人，並非我少女心想像的白馬王子，但對他愈是理解，我就愈加喜歡他。

林芳郁常說，我是他肚子裡的蟲，凡是他的事，我沒有不知道的。我確實比他自己還懂他。每次考試，依著學號，我常坐他後面，抬頭就看到他背影。我發現他只要考得好，耳朵就會發紅，反之耳朵沒有變紅，那場考試可能就有問題，這樣的觀察屢試不爽。

個性堅韌內斂的他，總能發光發熱

我也看出，林芳郁個性不善於表達、不是自來熟或長袖善舞的人。他每逢新學期、進新環境，初期都會磨難重重，然後才會漸入佳境，是先苦後甜的性

格。新課程的老師多半會忽略他，常要等到學期快結束，才恍然大悟他是一個不可多得的好學生。個性堅韌內斂的林芳郁為此很困擾也很吃虧。

樂天的我，就會發揮自小被父母疼愛的個性優勢，總在困難初發生時就安慰鼓勵他：「這有什麼，又不是沒碰過？」「沒事，很快就會過去的。」之類，反正就說一些連我自己有時都不太相信的話。最後他還真的都能逆水行舟，在最終迎來好轉。

他總說：「我都是因為妳而變得強大。」我不確知自己是否真的給他力量，我只知要適時鼓勵他，初到新環境，他尤其需要支持，之後他自己就能發光發熱。

從大一成為班對後，我們就形影不離，他第一次離開我身邊，是畢業後入伍當預官去衛武營受訓。我從他的來信，發現他又進入新環境撞牆期。他在信中寫道，入伍就被剃光頭，有尊嚴掃地之感。身為新兵，凡事動輒得咎，非常難受。

我趕去會見他，把奶粉用小包塑膠袋包好遞給他，要他「趕時間的時候拿出來吃」。這小小的慰藉奏效了。在他處於低潮時，只需給一些溫情和慰藉，他就會重新得力、重新活過來。他預官當得極出色還領到獎狀。我們結婚時，好多他同梯的人跑來對我稱讚林芳郁這位醫官，說幫了他們好多人。

「我受過的苦，不要後來的人再受」

林芳郁並非英文中說的「Born to be」（註定會成功的天才）的那種人，他**是得克服很多困難，才能迎來柳暗花明又一村，是靠著努力與堅毅贏得別人敬重。因此，特別能同理別人的處境與感受，心疼別人的痛苦。**所以他不僅不競爭，還奉行「我受過的苦，不要後來的人再受」，必要時甚至願意把自己的職位、資源讓給別人。

由於性格沉潛，要長時間相處才能看出他的優點。從十八歲認識，相伴超過半個世紀，我真的很高興，我是跟他一起長大的。我的母親常說，與人相處需要時間來驗證，久了才能知道是三頭六臂，還是缺手缺腳。林芳郁對我而言，就是我徹底瞭解並尊敬的人。

我的母親也非常欣賞這個女婿。從小我媽媽就耳提面命，我長得不漂亮，長大後只要能嫁出去就好了。林芳郁與我的第一次約會，計畫帶我去看電影。回家後，我跟我媽媽說：「有男生要約我去看電影。」

那時她正在浴室洗澡，一聽說我有人約了，驚得突然從浴缸裡跑出來，滿身肥皂泡泡地對我說：「怎麼有這麼好的事？」最好笑的是，她馬上正色警告我說：「妳千萬別跟別人講約會的事，否則會被人家搶走。」

林芳郁跟我的媽媽很合得來，也是我那萬能媽媽的最佳助手。我的父親在家開診所，家裡的事包括理應是男人操持的事，全是我媽媽一手包辦。颱風來時，上屋頂補瓦片的是她，做所有防颱重活的也是她。原本都是哥哥當幫手，有一年，哥哥因車禍手臂骨折無法施力，只好請林芳郁相助。從此以後，這就變成他的防颱任務。之後還逐步擴展到家中其它粗細活。

我家出遊是媽媽開車，車子如果爆胎了，換輪胎的是林芳郁。林芳郁細心，吃飯時我媽媽無意間提到，什麼東西弄壞了，不出三天，林芳郁就會把東西修好。所以，她非常疼這個默默做事但不會說好聽話的女婿。

至於我父親，天性浪漫，飽讀詩書，家人都無法與之討論學問，只有林芳郁能陪他聊天，林芳郁涉獵廣泛，讀很多醫學領域之外的書籍，很得我父親的歡心。

對林芳郁，老實講，我是尊敬大過喜歡。至於他，應該是很喜歡我很疼惜我很愛我。我想，世間應該很少有男人，能像林芳郁愛我一樣，去愛一個女人。更可貴的是，他不僅愛我，且真心地尊重我，總放手讓我發揮所長。

數十年如一日的起床儀式

他對我的愛，就像他數十年如一日的起床儀式，脈脈溫情。生病前，他為了參加醫院晨會得早起。五點半起床後的第一件事，就是坐在我的床旁，安靜地凝視我，摸摸我的臉。在我身邊坐一會後，才去洗漱準備早餐的咖啡、麵包。之後叫我起床一起吃早餐後，他才去上班。**數十年來，除非他不在家，否則他醒來後的第一件事，就是要看看我摸摸我**。

我自認是全世界最懂林芳郁的人，但他對我的理解，也超過我自己的想像。

例如，我媽媽很喜歡給我訂製淑女風格的衣服。林芳郁卻不認同：「妳媽媽對衣服品味不好，妳很漂亮，但妳媽媽買的衣服把妳的優點都遮蓋起來。」他說，我該把我的優點露出來。然後他起而行，開始替我買衣服。

眼光獨到，為我買露背裝

台大前院長何弘能曾說，和林芳郁一起出國是鐵人行程，白天開會晚上餐會，幾無空檔。但每次返國前，林芳郁就會消失幾個小時，後來才知，他去給太太買衣服了。有一次他從歐洲開會回來，給我買一件露背裝，我看不順眼放了三年才勉強穿出去，沒想到每個人都稱讚說：「太好看了！原來妳的身材這麼好。」林芳郁從此很得意，經常買衣服買飾品給我。他說他買衣服不必記尺碼，因為外科醫師的手摸過就知道尺碼了。

我不喜歡他替我買衣服。二十年前，他買的一件衣服，布料不多卻花費九百多美元，當時那是一筆鉅款，我非常生氣。我們一起出國時，他會選住五星級飯店，但他自己出國能省則省，常住那種開門就會撞到衣櫃的小飯店。

我又氣惱又感動，氣得不肯穿他買的那件衣服。奇怪的是，我自己置備的裝扮沒人欣賞，林芳郁買的卻佳評如潮。我在享受別人的讚美時，心中浮起好多問號，多奇怪呀，這樣一個樸素不時尚的人，怎能如此懂我，怎有如此獨到眼光？他就是這樣，總讓我驚奇也讓我心服。

幸福的男人與睡美人

——每天清晨醒來的第一件事，就是坐在床邊靜靜望著熟睡中的我

結褵近半個世紀，旁人總羨慕形影不離的我們，是幸福的一對。如今回看我們的婚姻生活，許多往事觸動心弦，無比清晰，我也自覺是幸福的。不會甜言蜜語的林芳郁，一輩子用他堅定溫暖的愛意待我，視我猶如他手中的珍珠。我被他的愛包圍，總能安然入眠，成了他眼中的「睡美人」。

開車看著我熟睡，滿懷幸福

我們出門總是他開車，他一開車我常常就在副駕駛座沉入夢鄉，等到我醒來時，只能很不好意思地說：「對不起，我怎麼又睡著了。」他不但說沒關係，還說，他能夠開著車載著我，偶爾望我一眼，可以讓我「睡得那麼熟那麼好看」，他覺得自己是世界上最幸福的人。

有一次，我和朋友出國自駕遊，輪流開車。我的朋友開車時，只要一見我睡著了，就會罵我：「不要睡，妳睡著了，我也會跟著睡！」並批評我說，難道不知道坐在副駕駛座的人，是要負責聊天，幫助導航嗎？

我那時才恍然大悟。原來別的先生開車是需要太太幫忙的，而林芳郁多年來卻一直包容我，只因他喜歡看我睡覺的模樣。

他的支持，讓我能從事熱愛的整形外科

自我嫁給林芳郁後，一年中有三個節日，他必定會送我禮物：一個是我生日、另兩個是母親節和聖誕節。到了這些日子，他會像外國的紳士一樣，訂一大束花送給我。還會去福華飯店的購物廣場買禮物送我，買的多是他喜歡我穿的衣服，像露背裝或合身裙裝。

除了浪漫的花和美麗的衣服，他還會上亞馬遜購物網站買最新的整形外科書籍、時裝雜誌甚至歷史書送我。有一年，他在一本整形外科教科書書扉上題字：「祝妳成為優秀的整形外科醫師。」他就是這樣支持我的工作。常有人說，**我是台灣第一個外科女醫師，他們不知道，有林芳郁的支持，我才得以從事真心熱愛的整形外科。**

林芳郁偏愛吃西餐，尤其是有人彈琴伴奏，樂聲飄揚的西餐廳。有一年，我們去來來飯店吃聖誕節的晚餐，用餐之間有抽獎餘興節目，獎品是日本來回機票，結果抽到我們得獎。我被他推到台上去領獎，我一時之間楞住了，呆立在台上。不過我記得，台下的林芳郁笑得好開懷，咧開嘴開心地拍著手。那一幕，依然歷歷如在眼前。

我出國人還沒到，他的信就到了

林芳郁從年輕時，就很喜歡寫信，也愛寫日記。他不在我身邊時，就會每天寫信給我，他似乎把寫信給我也當作一種日記。讀大學時，我媽媽送我去日本旅行，我一直不肯去，林芳郁還幫腔勸我，我只好前去。可能看出我的不情願，他就給我寫信。我跟著旅行團，每到下榻的飯店，飯店前檯就會說「有林靜芸小姐的信」，他寫的信比我還早到飯店。那是沒有網路沒有傳真機的時代，只能航空郵寄。**他是如何做到，讓我一到飯店就收到信的？這麼多年過去了，我還沒有解開謎底。**

他就是這樣的一個人。從不在言語上承諾你、討好你，只會默默地為你付出。即便不知道別人的夫妻日常，也能體會林芳郁是用很不同的方式在待我。

所以，我覺得應該將其記錄下來。

作為一位獨立開業的整形外科醫師，相較於大半輩子在國家醫院服務的林芳郁，我的收入應該比他多很多，但終其一生，他不知道、也從不曾問過，我的收入有多少。

衡量一個人一生的成就或收穫，有很多標準，或許是人格、學識、對他人的幫助或對社會的貢獻等等。**我深深相信，不管在哪個方面，林芳郁都遠遠超過我，他對兒女的影響更是無價的。**

行醫堅持不收紅包，還常捐款助人

結婚之初，我們就商定，生活費由他支應，他會負責養家。因為我要繼續當醫師，原本我要承擔的家務，需請人來代勞的費用，就由我來支付。我們一直習慣清簡的生活。因為早年台大醫院年輕醫師的待遇比現在更微薄，加上林芳郁不收紅包，只靠他一份薪水過日子，很是拮据。

我家兩個孩子到現在都還會說，以前我們家冰箱總是空的，打開冰箱就只有開水跟巧克力。不知情的人以為，我們家有錢到只吃巧克力。實情是林芳郁替病人開刀從不收紅包，病人就送巧克力等甜點，他會開心拿回家。但家人不好甜食，所以冰箱才會總有巧克力。**因為林芳郁堅持不收紅包，有人在背後議論說，他是仗著有一個會賺錢的太太，才不必收紅包。這樣的說法不盡公平，因為他一輩子沒有用過我的錢。**

儘管他的收入有限，每年要報稅時，我們常會收到很多捐款收據，他捐款給好多人好多單位，包括台大景福基金會、台大急診部、林懷民的雲門基金會、孤兒院等等。只要有人跟他說需要幫忙，林芳郁就會捐款相助。

林芳郁沒把錢放在心上，自奉極儉，內衣跟內褲破了也不丟，還要縫補後再穿。我們兒子曾說過，他對父親的記憶，就是他的內衣跟內褲，永遠是補過的。以前我婆婆與我們同住時，白天都在補林芳郁的衣服。我們常看到他拿衣服出來說：「這個破了幫我補一下。」**這樣節省的人，請客時卻非常大方，一定請客人吃最好的餐廳。**

買名貴襯衫幫他打扮，不料被下禁令

對於他獨樹一格的用錢原則，我無法置喙多說什麼。我沒能如願嫁給花花公子，可是我還是暗自希望另一半能時尚些。有一天我去中山北路買了幾件名貴襯衫跟皮帶，準備回家幫他好好打扮。

因為跟店家說好，如果回家試穿不合身，還要回店退換，因此襯衫上的標價牌都還在。沒想到，幾乎不曾對我發過脾氣的林芳郁，看了那些簇新的衣服和標價後，措詞嚴厲地對我說：「妳未來不要再做這樣的事，妳在我的心中是很崇高的，如果妳也這樣購物消費，會讓我很失望。」一番話說得我好難過。從此以後，我沒有再替他買過衣服。我猜想，他也不曾為自己添購過衣服。

常有人稱讚林芳郁是天生的衣架子，還誤以為他當院長必然一身名牌。說起來很慚愧，生病前的林芳郁平日只穿襯衫和西服，幸而我的小姑和親戚會為他添購一些家常服。他後來衣著有些變化，都是病人送的。林芳郁不收紅包，看診巡房時又常滿頭大汗，有些病人為了表達感謝，買衣服送他。

病人送他的禮物，他都開心接受並珍惜。病人致贈的衣服，他會一穿再穿一直穿，看得我心中百味雜陳。林芳郁就是一個這麼奇怪的人，看似食古不化，實則心中有其堅守的做人原則。

他不准我為他買衣服的禁令，直到他生病後得以解禁。如今，我終於能替他買新衣，為他打扮了。

【兒子心中的父親】

我的偶像，我的大玩偶

台灣大哥大總經理、
AppWorks董事長暨合夥人
林之晨

我永遠無法超越的人

母親生我就是一個理性而又自傲的人，看這世上的能人異士，總覺得都有我可以超越的地方，唯獨父親，我打從心底欽佩，他的為人、對社會的貢獻，是我窮極一生也不可能超越的。

父親消滅台大醫院紅包文化、催生緊急救護技術員（ＥＭＴ）制度，改革三家醫學中心，培養大量人才，對台灣的醫療生態帶來巨大而深遠的影響，這些大家熟知的貢獻，是我即便當初一樣走醫療領域，也不可能超越的。

父親的風骨也是我無法超越的，他是當代的入世大儒，沒有人前人後，一生仁慈簡樸，為了省冷氣，夏天在家總穿著破內衣內褲走來走去，皮夾、皮帶一用就是幾十年，當醫生賺了錢也不買名車，一台Toyota Premio開了十幾年到無法維修才換掉。

父親的耐心我也無法超越，他雖然節儉，但對新科技卻願意冒險花大錢採用。他長年研究不整脈，經常要寫論文分享成果，八〇、九〇年代，當電子打字機、電腦、點陣印表機等科技產品陸續問世，他都是最早使用的。這些剛出爐產品其實不好上手，但他會抱著說明書，每天每天持續研究，花三個月、半年也要馴服它們。

不只心臟示意圖，連哪吒也畫得傳神

父親的用功我也是無法超越，當他從醫生轉任管理，為了把工作做好，每天回家便抱著商管著作勤讀，從彼得·杜拉克到克雷頓·克里斯汀生，他拿著筆，一遍、一遍畫重點抄筆記。那時剛好我也開始創業經營公司，他會找我討論，最初我總覺得他是門外漢依樣畫葫蘆，但很快的，父親對管理的見解，就超過我、以及當時我見過的優秀經理人。

父親不只本科比我強，連課外活動也讓我五體投地。我從小愛畫漫畫，上課都在畫，還連載給全班傳閱，自己頗得意。有天父親在為他的論文畫心臟示意圖，我說他只會畫這些嚴肅東西，不久他拿了一張隨筆畫的哪吒丟在我書桌，神韻、畫工、完整度都是職業等級。

還有一次，同樣是名醫、擁有國手級撞球實力的大舅找父親單挑，這也是我唯一一次看過父親打撞球——那個年代木訥的好學生是不去撞球間的。父親從羅東鄉下來台北讀書，又娶走他妹妹，大舅有城市人的優越感，老喜歡言語上暗貶妹夫，但父親總是隱忍。

舅舅找他單挑撞球，結局驚呆了

這場九號球比賽大舅一路占盡優勢，但後段一個失手，留下難度頗高的「嗆斯」（chance），父親仔細推敲後，信心十足的出桿，居然把球打進贏得比賽，當場氣走自負的大舅。我從小在外公家長大，耳濡目染也略懂撞球，深知大舅實力，在如此強大壓力下，應該沒混過撞球間的父親，竟然能抓住君子報仇的這麼一桿，不僅絕妙，也讓我佩服他強大的意志力。

父親對媽媽、對我們兄妹的愛，我也無法超越。他其實個性非常靦腆害羞，但唯獨不會吝嗇對我們表達他的愛，見面時，他總會給我們一個大擁抱，然後在耳朵旁邊輕聲說：「爸比好愛你！」

他很愛跟我們玩樂，小時候周末最常做的，就是拿橡皮筋跟紙頭做簡易彈弓，在家裡打陣地戰。我跟妹妹會用枕頭堆出碉堡，跟坐在書桌的父親對戰，他再忙，也會放下工作陪我們玩上一場——我們倆總是愈打愈過分，最後父親只好搬出諭令：「你們怎麼可以打爸爸？」大家才在笑聲中結束戰局。

爸比，好想與您分享這幾年我看到的風景

父親對我們期望很高，周末總是六點叫我們起床，因為一日之計在於晨。如果我們做出嚴重不孝、不尊重人的事，那麼一定會被他賞以巴掌（打完耳朵會嗡嗡響的那種），加上罰跪、關禁閉。但他同時對我們的想法非常包容，無論我們想做什麼，他都全力支持，甚至會把省吃儉用存下來的儲蓄，拿出來資助我們。

這樣的父親不是完美的，但是我見過最接近的完人。他的身教，深深影響我的價值觀、人生選擇。爸比，我也愛你，我非常想你，好希望你還在讀管理，可以跟你分享這幾年我看到的風景。

千萬別在他面前嫌我醜小鴨

——從小，家人總笑我長得不好看，只有他視我如珍寶

自從我兒子開始上班，我就時不時問他：「奇怪了，你小的時候，我去哪裡你都要跟著我，我洗澡、上廁所，你無時無刻都要黏著我。現在你長大了，怎麼都不讓我跟著你？」

可能我說的次數多了，也可能看出我這當媽媽的一心巴望跟著兒子出門，在我媳婦善體人意的安排下，二〇二三年夏天我終於有機會，陪著兒子去東京一遊。他去參加APEC經合會，我以與會者眷屬身分陪同。是我的媳婦把這機會讓給我，我兒子真是娶了一個最好的太太。

成年的兒子和老母出國，在飯店的住房如何安排，在我家是個有意思的演變，也看得出世代不同。

奇怪，他絕對不單獨帶媽媽出遊

以前林芳郁出國，不管是開醫學會或是旅遊，他總會帶著我。而且一年至少有一兩次，也會帶著我婆婆同行。出門在外時，婆婆總挽著我的手，亦步亦趨，旁人常誤以為我和婆婆是母女，而林芳郁是陪岳母出遊的孝順女婿。

特別的是，事母至孝的林芳郁有個堅持，絕對不能自己單獨帶媽媽出國。有一年，林芳郁要出國開會，可攜眷同行，我有事無法前去。我跟他商量說，這次要請他自己沿途陪同婆婆，也可能得同睡一間房以便照料。沒想到林芳郁很嚴肅地反對說：「怎麼可以？」我不解其中有何問題，他竟回我說：「因為男女授受不親。」因而，我婆婆就未能獨自與兒子出國。

當我的兒子林之晨首肯，讓我隨著他去東京時，我不禁想著，兒子願意攜老媽出國，這點已經超越他老爸了。這個國際會議從報名到真的成行，期間有半年時間。我反覆猜想，在東京期間，兒子會跟我同住一間房？或是我們會各自住一間房？

開會日期將屆時，我忍不住問兒子，我們的住房如何安排，他回我說：「當然是兩間房，一人睡一間。」我反問他：「為什麼要兩間房？你小的時候為什麼老是要跟我睡？」我說，我們難得一起出國，應該同住一房即可。

林之晨最後還是依著老媽的任性，在東京鐵塔旁的王子飯店，訂了一個有兩張大床的房間。我正心花朵朵開，不料林之晨卻道歉說，因為受限於兩張大床的房型要求，我們的房間「看不到東京鐵塔的view（景觀）」。我大笑道：「傻兒子，東京鐵塔的view，怎麼比得過我兒子的view。」

這次出國讓我想起很多與林芳郁共度的歲月。我們兩人是在民國六十五年一月二日結婚。那時他還在服預官役，只能休假兩天。婚宴一結束就連夜趕回營區。直到當年的聖誕節前後，我們才去日月潭度假兩天，算是新婚蜜月。

是誰追誰的？「最帥外科醫師」解答了

林芳郁的行事作風和現代人很不同，包括娶老婆的眼光。到了我這個年紀，有人會很有禮貌地安慰我，愈老愈耐看。還有病人說，如果能整形得跟我一樣就好了。實則我自幼對自己的長相極度缺乏信心。婚後我有時都還忍不住問林芳郁，當年班上某某同學很漂亮，為何不追求她？

不只我，很多別人也有同樣的好奇。林芳郁身形修長挺拔，個性沉穩，文質彬彬有書卷氣，在台大醫院，很快就得到「最帥的外科醫師」之類的稱號。不少人在背後議論，都說一定是林靜芸死追活追林芳郁，才追到這樣的乘龍快婿。有一次，一位護理師當面問林芳郁：「林P，當年是不是您太太一直追您，您才娶她的？」林芳郁聽了勃然大怒，還訓斥了那護理師一頓：「你怎麼能這樣亂講話，我太太是我追很久才追上的。」

身為整形外科醫師，我對美人有超乎常人的敏銳及審美標準。我們外出時，我總會特意指給他看，一起欣賞長相出眾身材非凡的美女。有一次，他慎重其事地說，他不是故意不看那些大家都說漂亮的人，而是他不想要一個徒有可口甜美外表的脆弱女人，或是人人口中的大美女。他說：「我希望我的終生伴侶，是我真心喜歡、令我尊敬、讓我願意珍惜，想要共度一生的人。」

兒子小時候常吵著跟我睡，被嚴重警告

我兒子自小黏我，晚上常吵著要跟我睡，有一次林芳郁為之冒火，罵他兒子說：「我太太是我娶來一起睡覺的人，你想要有人一起睡覺，自己去娶一個太太，不要來睡我太太。」我在一旁聽得哈哈大笑。

即使很多人不相信當年是林芳郁追求我，但我最後會答應嫁給他，他對我的欣賞和尊重，是讓我點頭的原因。

我的母親是家族裡出名的美人，相對於美貌出眾的母親、很帥的哥哥及人

見人愛的弟弟，自小親戚見著我，總不留情面地說，這女孩長相如此，將來怎麼嫁人？母親因此灌輸我：「妳長得醜，只要有人喜歡，就趕快嫁了吧。」

罕見動怒：你們不可再這樣說我太太

連我的父親都安慰我說：「我們台中公館的女孩子都長得醜，可是長大後嫁出去都很好命。」我的兒女也取笑林芳郁，說爸爸是「眼睛糊到蛤仔肉」才會娶這樣長相的媽媽。只有林芳郁視我為珍寶，罵兩個孩子沒眼光。

他在我家是人人認可的好女婿，不但我爸爸媽媽疼他，每個人都愛他，他也從不曾在我家人面前動怒發脾氣。唯一一次例外，就是和我的容貌有關。那天在家聚餐，我娘家人又開始揶揄我長得不好看。我因習慣了，不以為忤。但突然地，林芳郁滿臉怒容地站起來說：「我的太太為什麼會變成這樣（沒自信），都是你們從小嫌她醜，你們不可以再這樣說我太太。」我家人被他一番義正辭嚴的教訓，震撼得說不出話來。

我講述林芳郁與我的人生片段，不僅是替林芳郁說說他的故事，應該也是自我探索和整理的過程。像我這樣一個沒自信的醜小鴨女孩，能得著如此有意義的人生，都是他給予我的。

「笑一下，笑給上天看」

——每天調皮地逗我笑一下，陪我走過那段人生的低谷

林芳郁不僅像是從書籍中走出來的人，他也總是手不釋卷，尤其愛讀古人古書。我只能從他常讀的毛澤東、周恩來及德川家康的傳記等相關書籍，去推想他對自我的期許。這三位在歷史上留名的人物，同樣都是靠著堅韌不拔的毅力，開創了影響深遠的全新局面。他們的故事必然激勵了林芳郁，相信唯有沉潛忍耐與刻苦努力，方能成功。

他在外尤其在醫院，是一個惜字如金，不太說話的人。而我在外的形象似乎很能侃侃而談，有時還會有人邀我去演講。可是在我們的婚姻生活中，講話的人是他。他回到家，立刻變成一個很快樂愛逗趣的人，總迫不及待要告訴我，他今天看了什麼書，有什麼觀察心得。如果看我悶不吭聲，他就偷偷到我身後捏我一下，拉拉我的頭髮，調皮地對我笑。

擔任三大醫學中心院長的漫長歲月

我們兩人共用兩個大拇哥（ＵＳＢ），他會把要跟我分享的文章存在裡面，怕我沒時間讀，他還會寫下讀後結論，連同文章存在一起，讓我有空時就能摘要閱讀。

歷任台大、榮總及亞東三個醫學中心的院長，林芳郁一生有十六年時間都在當「院長」。他坦言，作為院長，他掌握了許多重要的資源、權力以及職位的安排機會。**他不希望我作「院長夫人」，成為他人刻意追逐和奉承的對象。因此，對於那些他認為不應該讓我知曉的事，他向來守口如瓶，絕不提及一字。**這種刻意的隱瞞，是他對權力的自我警醒與節制，也是出於對我的保護，他不要我因為他的職位，捲入複雜的人際關係中。

回想他擔任院長的漫長歲月，得獨自承擔許多無法言說的重任，其間的艱辛與隱忍，我難以想像。如今思量，對他非常同情。

如果問我，我們最幸福的時光，我大概會說，是在兩個孩子長大離家後，那段屬於我們夫妻的兩人美好日子。我們形影不離，如同連體嬰一般，出雙入對，享受生活。無論他去哪裡，總是攜我同行。每到周六，晚餐時會開一瓶紅酒，舉杯暢談，酒瓶見底，人也微醺。有一天，我們心血來潮：「今天何不開兩瓶紅酒，來個盡興？」一杯接著一杯，真的把兩瓶紅酒喝得一乾二淨，那一晚的歡愉與暢快，至今仍令我回味無窮。

我沒有問過林芳郁，他一生中最快樂的時刻是何時？細數往事，台大醫科畢業二十五周年時，同學會辦在夏威夷，我們夫妻倆與婆婆、女兒同行，三個女人加林芳郁共四人。餐會席間，每人輪流說話。輪到林芳郁時，他說：「我今天應該是世界上最快樂的人，因為我最愛的三個女人，我的媽媽、我的太太和我女兒都在我身邊。」我真心希望，他確實曾經這樣快樂過。

豁達談生死：辦快樂的聚會，不要有人哭

聯合報有一次訪談林芳郁，問他對生死的看法，還問了對未來個人告別式有何規畫。我記得林芳郁對記者說，他的人生沒有什麼遺憾，因為想做的事都做了，想娶的人也娶了，想吃想玩的都已體驗過。

後來刊出的報導寫道：「林芳郁說：『我要辦場快樂的聚會，播放快樂的照片、影片，親友聚集聊聊有趣的事，不要有人哭。』每天與死神拔河、從鬼門關搶救生命的亞東醫院院長林芳郁，早已規畫了自己的告別式，他說把死亡當成旅行，行李箱只要裝回憶與快樂，絕對不要孝女白琴來幫哭，與其表面傷

心，不如快樂地懷念。」林芳郁在接受安寧照顧基金會訪談時還說，告別式後，大家到庭園把骨灰撒在大樹下，當作肥料即可，因為「經過三代以後，沒有一個子孫會認識你的。」

林芳郁的院長辦公室牆上常年掛著蘇軾的「定風波」，是他最喜愛的一闕詞：蘇東坡寫下「回首向來蕭瑟處，歸去，也無風雨也無晴」，其中的豁達超脫，可能正是林芳郁心所嚮往的。

這句話，成為他生病之後，支持著我的力量

林芳郁有句名言，「笑一下，笑給上天看」。有一陣子我因醫療糾紛惹上官司，那是我人生不曾遇過的晦暗時期。他陪我同受煎熬，但不曾責備我，每天都還要我「笑一下」，正處於人生低谷的我沒好氣回他：「為什麼要笑？」他對我報以肯定的眼神說：「笑給上天看！」**笑給上天看的用意為何，我沒有問他，只知道依他說的仰起臉來笑一笑，日子就能繼續往前走。**

他也常常講述甘迺迪家族的故事，尤其美國甘迺迪總統的母親羅絲・菲茲傑拉德・甘迺迪的故事。羅絲二十歲時嫁給約瑟夫・P・甘迺迪，共同育有九個孩子，其中包括美國第三十五任總統約翰・F・甘迺迪、參議員羅伯特・

F．甘迺迪和參議員愛德華．甘迺迪。儘管她的家庭歷經多次悲劇，她的兒子約翰和羅伯特都慘遭暗殺，羅絲始終保持堅韌和尊嚴，並在美國社會中贏得廣泛的尊敬。

講完故事，他會語帶鼓勵地對我說：「**不管發生什麼事，妳都要勇敢。**」**這句話，成為他生病之後，支持著我的力量。**我常想，也許他早就知道，終有一天，他不能再當教練支持我，不能再當我的靠山，但我會記得，不管發生什麼事，我都要勇敢地抬起頭，給上天一個大大的微笑。

林芳郁替太太挑的衣服，常受人讚美。此件洋裝亦是根據林芳郁選的衣服款式訂製而成。

我們永遠要睡在一起

——娶一個心愛的太太，每晚同床共枕，是他一生對婚姻的期望與堅持

結婚之前，公婆在台北延吉街為我們準備了新房。由於我和林芳郁忙到無暇置辦裝潢，我能幹的母親出手相助。直到我們即將入住時，才赫然發現新婚床竟然是兩張單人床，中間還隔著一張小茶几。

新婚房間的那兩張單人床

林芳郁一見此景，立即找設計師質問，怎會如此設計新婚洞房？設計師無奈說，是我母親、林芳郁的準岳母堅持的。我母親和林芳郁向來心意相通、同一陣線，唯獨這件事例外。林芳郁找我母親理論，沒想到我母親也很堅決。她是學家政的，主張每個人都應該睡自己的床，蓋自己的棉被，才不會感冒。晚

上翻身或起床，不會驚動另外一個人，才符合睡眠衛生。

但林芳郁毫不退讓。**他說，他一生對婚姻的期望，就是娶一個心愛的太太，每晚同床共枕，一伸手就能觸摸到彼此。**

兩人各持己見，不願妥協。最終是聰明的設計師獻策，反正床是能移動的，就把橫亙在中間的茶几移到一邊，再把兩張單人床併攏，「不就可以睡在一起了？」才化解這場岳母與女婿的紛爭。

結婚快五十年了，幾度搬家，我們至今仍同睡在新婚時兩張單人床合併成的大床。天冷時，臨睡前林芳郁總是對我說：「來來來，趕快來我這邊溫暖一下。」然後假意抱怨地說，以前聽人家說，娶了太太後，晚上睡覺就有人可以暖背暖腳丫子，為什麼他偏偏娶到一個手腳冰冷的太太，變成他要替太太暖手暖腳。說著就替我先搓搓手，再搓搓腳，總要把兩人手腳的溫度都調搓到平均。多少年來，他就這樣樂此不疲地當我的暖暖包。

每早醒來：能跟太太一起睡，實在好幸福

後來我們搬到臨沂街，有小鳥在屋簷下築巢，清早我們在鳥語啁啾中醒

來。醒來後，他總會說：「我跟太太睡在一起，實在好幸福。」他每個早上必定如此說，我很不解，夫妻一起睡，不是再尋常不過的事？

他被派去沙烏地阿拉伯醫療團時，因是自願去的，七月便赴任。為了他，我只好跟著加入醫療團，預訂十二月時去沙國。期間，他每天給我寫信，從信中我察覺他心情鬱悶，於是我提早在九月飛去會合。

我抵達沙國，看他臉色寫滿挫折和抑鬱。原來他只是住院醫師，很多階層比他高的醫師欺負他，加上開創醫院本就困難，他非常低落。

只要有愛的人相伴，就心滿意足

我到了宿舍就著手布置，去超市買了幅小版畫掛在房裡，畫中有一棟房子，象徵這裡就是我們的家。過了三天之後，他告訴我，因為我前來陪伴，他又有力氣可以繼續奮鬥了，不管發生什麼事，他都能夠忍過去的。哈哈，他實在非常喜歡跟我睡在一起呀。

他很純樸知足，只要與所愛的人相伴，就心滿意足，快速充滿能量。我們從沙國返台後，一家四口終能團聚。在家裡他負責寵孩子，我負責扮黑臉打罵小孩。每天清晨，他一睜眼就對我說：「謝謝妳，給了我一個兒子，還有一個女兒，讓我有一個幸福的家庭。」這並非一時興起灌迷湯，而是每朝不忘的早安幸福小演說。

住在臨沂街時，有段時間，因為壓力，我常徹夜輾轉難眠。每當黑夜來臨，我對床鋪心懷恐懼。林芳郁卻對我的失眠無知無覺，總是一沾枕頭便沉入夢境，還鼾聲如雷，我就在他的打呼聲中默默忍受失眠。有一天，我再也無法隱忍，告訴他我受失眠折磨。他大吃一驚。自此，每晚他都忍著睏意，陪我談天，直至我沉沉入睡。

他念英文小說、他的打呼聲，讓我安然入睡

但過一陣子，我依舊失眠，他特意去買一本英文小說，講的是希臘神話裡薛西弗斯的故事。因受眾神懲罰，他必須不斷地推動巨石推上山，到達山頂後巨石又滾下山，他只能永無休止地重複推巨石的宿命。或許林芳郁希望這個情節反複的故事能有催眠效果。好笑的是，林芳郁英文太爛了，每次他念不到一頁，我便伴著他斷續的語音和漾在心中的笑意，安心進入夢鄉。後來，每當他問我睡前要聽哪本書，我總是選這本講述推巨石的英文小說。

我的睡姿很差，睡著後頭手腳的位置常乾坤大挪移，而且很會踢被子，害

林芳郁常常整晚都在替我蓋被子。我起初不知情，直到一次與友人聚會，聽到他對別人說，他整晚都在替我蓋被子。我當下沒好氣地回他，我就是熱才踢開被子，你為什麼一直要幫我蓋被子。但心底實則很感激他的體貼。

待兩個孩子長大離家，家裡只剩下我們，那段空巢期反而成為我們最幸福的二人世界。每每聽到其他太太抱怨先生鼾聲擾人清夢，我都有點不好意思，因我已沒有睡眠困擾，反能因林芳郁的鼾聲安心入睡；有時他不在家，沒了鼾聲伴眠，我還很不習慣。

當我們搬家到新生南路的巷子裡，屋旁有棵樹，終年綠葉青蔥。他每早醒來，望著那映進房裡的樹影對我說：「我非常喜歡我們的家。」又或者說：「我最喜歡一睜開眼睛就能看到妳。」隨後，他伸手過來輕輕撫摸我的臉龐、我的鼻子和嘴唇，不停喃喃說著：「我好幸福，躺在床上就覺得自己好幸福。」之類的話。

有時我問他，想去哪裡玩？他總回答我，只要有我陪著他，任何地方都是天堂。他在家時，是個很浪漫很會甜言蜜語的男人。

不管等多晚，一定要一起上床睡覺

我們倆的日子其實平淡如水，兩人最享受的是，在家裡吃完飯，我洗碗他擦桌子，之後坐上書桌，面對面在燈下讀書。他一早五點半就要起床去醫院，所以晚上九點前後，他就會以無辜的眼神望著我提問：「可以睡覺了嗎？」有時我看他很可憐，就陪他去睡覺。但有時我得熬夜趕工寫報告，他就也不睡，一個人在客廳看電視，每隔半個鐘頭來問我：「可以睡覺了嗎？」非得問到我陪他去睡為止，就無論如何不肯自己去睡。

婚後他就是如此堅持我們兩個人一定要一起上床睡覺，除非他因開刀住在醫院或出國不在家。這個睡覺模式對我有點麻煩，除了無法熬夜，我如果一個人晚上出門，就會很記掛有一個人還在等我趕回家陪他睡覺。

我有時忍不住笑著想，如果問我他一生最重要的事，或他一生只做一件事，那無非就是，要與太太一起睡覺。當我們同躺床榻之後，他會開始講話，但講著講著就突然停掉了，原來他已然入睡了。

清早爬山或打球，賴床的總是我

我們一直是很好的玩伴，我出一張嘴做計畫，他負責落實和執行。如果隔天要爬山或打球，我前一晚會做好計畫並預告說，明早四點要起床哦，這時他就會意味深長地看著我，不發一語。到了隔天四點，我永遠是還在賴床的那個人，他早早就起來預備好了，並問我，還要不要再睡一下。等到我們真的出門，他開車，我繼續在副駕座位酣睡。

歸途還是他開車。我暈車，經常上車聊不到兩句話就睡著，但是睡夢中又惦記他會否疲累打瞌睡，不時驚醒。意志力超強的他常說：「你放心睡，開車載著熟睡的太太，是很棒的享受。」

他生病之後，家人一度勸我們分開睡

疫情期間，他的健康開始出現狀況，我們還是睡在一起，只是半夜換成我幫他蓋被子。我學他的樣子，他只要踢掉被子，我就幫他蓋，他再踢，我再蓋……。這才發現，夜半時分要幫別人蓋被子，其實是蠻傷腦筋的事情啊。

尤其他生病失智後，言語慢慢變少了，身體有些功能開始退化。有一陣子他的腎功能走下坡，我們考量他上下床方便，也避免腎功能不佳等可能引起的壓瘡，所以把他的床墊換成氣動床。但床沒有護欄，有一晚他跌下床，我使盡力氣仍沒法扶他起來，只得趕緊喚來在家幫忙的外籍看護，費了好大功夫，才把他重新送上床。

經此意外，家人極力勸說，我們兩人應分開睡了。又說，為了安全，應該讓他睡在有圍欄、類似病床的單人床。還說，預為綢繆日後可能需要的特殊照顧，應讓他自己單獨睡在另一個房間。

我知道家人的建議都專業有道理，也相當程度是為了年逾七十的我著想。**雖然已無法詢問我先生的看法，但結婚近五十年，他總睡在我身旁，他又那麼眷戀我們同床共眠的溫情，我無法想像，他半夜醒來，睜開眼睛看不到我、摸不著我時，會有多恐慌多難過。**

用盡全力留下來陪我，只因曾經答應我……

很幸運的，醫師的訓練讓我思考，是否有其他對策。我決定從改善他的健康著手。和專科醫師商量後，我們設法改善他的營養，注意水分攝取，並補充腎臟造血劑，再加上祈禱，他的腎功能竟然變好了，行動力也恢復。我在他的床側安裝護欄，現在我們不但繼續睡在一起，還能每兩、三個月就一起出國旅行。

不一樣的是，以前總是他成天說，他好愛我，如今換作我每晚問他：「我愛你好不好？」他多數時候會回說：「好！」有時候還會攏過我的臉偷偷吻我。有時我會追問他：「你有多愛我？」依著身體狀況不同，他有時會說「很大」，有時說「一點點」，最近還會描述自己「比較好了」。如今，清晨醒來，他無法再像以往般開心說「好幸福」的話語，但他依然會伸過手來，輕輕撫過我的眼睛、鼻尖和嘴唇。

我想，他應該是以很大的勇敢，用盡全身的力量，拚命留下來陪我，只因他曾經答應我，我們一生一世都要在一起。所以，不管歲月如何，不管病程如何，我都會希望、也會做最大的努力，讓我們永遠可以這樣快樂地睡在一起。

林芳郁一家人感情好，他總是和妻子林靜芸、兒子林之晨、女兒林之昀互相說「愛你」。

他的浪漫

林芳郁是出名的愛太太，常熱情擁抱親吻林靜芸。

這是年輕的林芳郁少數受訪時留下的照片，談的是他反對醫師收受病人送的紅包。

大學學號緊鄰的林芳郁、林靜芸是班對。林芳郁在國文老師出的作文題目中，寫了「吾愛吾友」，向林靜芸告白。

林芳郁是女兒林之昀心中的偶像。

林芳郁與妻子林靜芸、兒子林之晨曾一同上《大雲時堂》談話節目。

他的浪漫

／輯二／

領路與開創

“

他做人做事，能刻苦能忍耐，
任何事交給他，只要他下定決心，
就會全然投入，直到任務完成。
對待病人也是如此。

二〇〇六年台大醫院於公館院區成立乳房醫學中心，林芳郁（中）時任台大醫院院長，主持啟用儀式。

非典型的外科醫師

——對新知充滿好奇，下決心就要努力到底的性格

在醫界，如果說某人很有「外科醫師性格」，可能形容其會喝酒、直率有衝勁，也可能暗示行事較欠思慮的傾向。林芳郁卻是一個非常不典型的外科醫師。

民國六十四年六月，林芳郁從台大醫學院以第二名成績畢業。他嗜讀書，每學期都領書卷獎。他好鑽研新知，是最早一批使用電腦的人，兒子林之晨讀小學三年級，他就送兒子一台電腦。對新知充滿好奇，又有下決心就要努力到底的性格，使他成為既能在手術室開刀，又能沉潛於實驗室的外科醫師。

民國六十四年七月，他被分派到關東橋服兩年醫官預官役。剛到關東橋時，他適應不良。有一天，在台大醫院當住院醫師的我下班，在醫院後門看到林芳郁。他頹然站立的模樣，是我終其一生少見的。他低落地說，身為醫官，

旅長欺負他，連醫療所裡的醫務兵也欺負他；他們似乎吃定林芳郁打不還手罵不還口的耿直個性。我不知如何安慰他，只能陪他坐上客運車，一路送他回新竹的軍營。回台北後，我心中始終忐忑不安，擔憂出事。

但幾天後，他說「沒事了」。很久以後他才告訴我，如何化解這場軍中霸凌危機。

當醫官開辦門診，連營外的民眾都風聞

林芳郁說，他回營後下定決心，要靠一己之力把那個不成樣子的醫務室做起來。那醫務室可用的藥品少得可憐。他父親是羅東的診所醫師，從小耳濡目染，他很會看病開藥。一方面自掏腰包擴充設備、購置藥品，買不到的叫我幫忙買。另一方面，他就在醫務室設立門診，自己每天固定時間坐在醫務室看診。就這樣，靠著專業和不怕打壓的韌性，透過服務，真的把醫務室翻轉了。

結果兩年醫官生涯反而變成他非常快樂的回憶。「林醫官」的醫術打出名號，關東橋上自旅長下至士兵，全來找他看診。連營外的民眾都風聞，申請要入營來看病。我忍不住笑他，別人當醫官是利用時間準備考美國醫師執照，只有他傻傻地去軍中開辦門診。

從家裡拿奶粉、水果與大衣，送給貧寒病人

那兩年醫官役期，他獲頒好多獎狀和錦旗。有一次，一名士兵打靶時受重傷，血流不止，眼看就要一命歸西。只完成醫學院七年訓練的林芳郁，憑著他對心臟血管的瞭解，做了正確的判斷及止血，維持住那個士兵的生命徵象。還一路護送他去三軍總醫院急救，再趕回軍營，跟全營官兵勸募了近一萬c.c.的捐血送往三總，順利救回這名重傷的士兵。為此，旅長特別批了三天榮譽假給林芳郁。剛新婚的我們，因為這意外得來的榮譽假，得以去日月潭補度兩天蜜月。

他做人做事就是這樣能刻苦能忍耐，任何事交在他手上，只要他下定決心，就會全然投入，直到任務完成。對待病人也是如此。

他一生行醫，任何人拜託他，他都一視同仁。他一生不收紅包，還常資助貧寒病人。有一陣子，他老從家裡拿奶粉、水果等食物去醫院，最後還拿去自己的大衣，說是要送給病人。原來，病人是一位從泰北邊境輾轉來台大醫院求醫的難民老軍人。過去國共交戰時，有部分國軍在落敗後落腳泰國北部邊境，成了泰北孤軍。那位老病人就是倖存的老兵，因為長年的心臟瓣膜問題，漂洋過海尋醫找到林芳郁。

林芳郁說，那位老兵第一次來門診時，明明是盛夏大熱天，穿著厚重衣服的老人還直喊冷。林芳郁為他做了手術，成功治療他的心臟瓣膜宿疾後，老兵身體變好了，離台前特別來跟林芳郁握手道別。林芳郁回家一直跟我說，病人的手變得很有力氣。他喜形於色，非常開心。

開心手術吸引外國醫師來學習

有人稱讚我有一雙巧手，所以能當整形外科醫師，但在我看來，林芳郁不僅醫術高超，刀法精湛，並且非常關心病人。他是國內第一批赴沙烏地阿拉伯醫療服務的醫師，身為副團長的他在當地開了無數心臟手術，因為病人死亡率極低，沙烏地阿拉伯當局很是讚佩，特地派人來台大醫院學心臟手術。林芳郁從沙國返回台大任職時才三十一歲，如此資淺就能憑醫術吸引外國醫師來學習，實屬少見。

一位麻醉科醫師對我說，林芳郁是很暖心的醫師。他和無數心臟外科醫師配搭過，協助手術麻醉。因心臟手術風險大，不容許稍有差池，醫師常會很緊張、脾氣很大，很愛罵人。只有林芳郁不罵人，有次他身體不適，林芳郁還提醒護理師搬椅子給他坐。

【敬致林芳郁老師】

從容、堅持、做對的事

亞東紀念醫院院長
邱冠明

二〇二三年一月，我受邀回「台大外科醫局研討會」發表特別演講。以台大醫院的學風，專業學科與技術最新進展的涉獵早已是日常，於是我的特別演講分享了十分特別的、我尊敬的林芳郁老師「一位外科醫師管理者的修煉」。

一位最不靠頭銜帶人的領導者

林芳郁教授最廣為人知，且無人能出其右的經歷，應該就是他擔任過衛生署署長、三家醫學中心的院長，以及陽明大學副校長，然而顯赫經歷下的他卻是一位最不靠頭銜帶人的領導者。

林芳郁教授擔任台大醫院心臟外科主任時，我正初入心臟外科領域學習，在他嚴肅、不苟言笑的外表下，我與他最大的交集是聽他主持會議。他不會長篇大論，而是字字珠璣，許多回應與論述都呈現出他對事情認真正直的態度。尤其當時他為了提攜後進，讓年輕主治醫師有更多發展空間，打破開刀房由資深醫師優先排刀的制度，努力將珍稀的資源做更合理的分配。即使可能影響到師長或同儕的排刀順位，而必須忍受一段時間的流言蜚語與紛紛議論，但他仍不改其志，以勇氣與底氣堅持自己的信念，做對的事，為台大醫院外科的傳承與長期發展，奠定了穩固的基石與未來潛力。

完成住院醫師專科訓練後，林芳郁教授希望我留在台大醫院，也鼓勵我就讀博士班，然而我更想至其它挑戰與機遇並存的醫院，進一步磨練自身的臨床能力，為未來開拓更多可能性。當時亞東醫院正值轉型之際而求才若渴，於是老師抱著祝福與期許，鼓勵我跟隨朱樹勳教授到亞東發展。初至亞東時，實可謂胼手胝足的拓荒之行，機遇應該有但挑戰更是無限。臨床手術難免挫折，林P總是保持一種適當距離的關心，餐敘聚會時只靜靜聽我若無其事地陳述與簡單回應，卻在每個滿周年的時點，連續三年徵詢我回台大醫院的意願。他讓你知道他關心、歡迎，但尊重與支持你的想法，用他一貫沉穩內斂的方式。後來，他也成了我博士班入學時的指導老師，卻在論文完成前，將榮耀與成就歸給朱樹動教授。

以制度代替關係，用規範取代隱晦

林芳郁教授總以自身的品格和行動為我們指引方向，並且為學生與後輩規畫未來。他認真為學生爭取、為年輕主治醫師爭取、為病人爭取、為組織爭取、為建立救護車導入緊急救護技術員（EMT）制度而四處奔走，卻從未看見他為自己而爭。在組織領導與待人處世方面，他注重制度的建立與維護，相信清晰的規則勝過模糊的人情計算，引導以制度代替關係、用規範取代隱晦，因此無論是在台大、北榮或亞東醫院等任何場域，他都能贏得各界的信任與尊重，雖然沒有機敏圓滑的交際手腕，但因以誠待人而能於眾人之間調和鼎鼐，廣結善緣。這樣的信念深深影響我，領我奉為終身學習的圭臬。

歲月如常，人間難測，人生的緣分總有它奇妙的安排。

二〇一五年八月，林芳郁教授來到亞東醫院擔任院長，我有幸與他多了臨床之外的共事機會。跟台大醫院、台北榮總不同，亞東是一家自給自足的財團法人醫院。一九九九年與台大醫院建教合作並啟動變革後，專注於目標的快速實現與突破，成績顯著然而時難顧及與利害關係者之間的平衡關係，無形之中造成一些疏離。林芳郁教授的到任，挾帶他在醫界的高度與長期積累的廣闊人脈以及深厚信任關係，漸漸帶領亞東醫院展現涓涓誠意，拉近與重建良好的社會連結，致力實踐社會共融。

此外，他秉持傳承與創新的精神，設立「創新計畫」的制度，鼓勵同仁參與推動醫療科技的研發與跨學科合作，奠定了亞東醫院目前細胞治療、智慧醫療與生醫工程等領域發展的基石，也發展新的臨床治療技術，獲致國家新創獎等外界的肯定。他並發揮影響力，帶動亞東醫院發展更多與社會公益關懷相關的照護服務，包括：安寧緩和醫療、高齡友善健康照護、成立新北市第一家失智共同照護中心、推動新北市長照宅急便——出院準備服務二・〇計畫等。甚至他親自帶領腎臟照護團隊與國合會遠赴貝里斯執行「貝里斯慢性腎衰竭基礎防治體系建構計畫」，捐贈一百個人工腎臟協助提升貝國血液透析醫療品質。

從容穩健，帶領亞東醫院堅守抗疫使命

新冠肺炎疫情期間，亞東醫院在疫情風暴中匍匐前行。我奉林院長

命，成立「應變小組」，開始一連串鉅細靡遺的應變計畫。不斷變異的病毒傳播、排山倒海的醫療需求、重症收治、擴大篩檢、疫苗接種……，壓得我們幾乎無法喘息。每次應變會議林院長從不缺席，用他一貫從容沉穩的態度支持著我們，為我們注入一股穩定的力量，也啟發我即使面對重重挑戰，也要堅守抗疫使命。在舖排完院內的應變策略之餘，亞東更伸出援手承接雙北各地的集中檢疫照護、快速篩檢與疫苗接種等服務。這一切，全都因為「付出與社會關懷」是林院長最重視的，亞東醫院「疫」無反顧——做對的事。

日文中「人格者」一詞，意指「人格高尚之人」，也就是具有領導力、彈性、體貼等綜合特質，在職場和人際關係中受到高度評價，贏得尊重和信任的人。林芳郁教授，就是一位永遠以誠信與正直為指南的真正的「人格者」。

不因喧囂而倉促，不為困難而退縮

他是台灣醫界領袖級的師長、是許多後進心目中的蒼峨大樹，更是親力親為的園丁。在他身上，我們永遠可感受到一股從容篤定的風範，彷彿一座沉穩的山嶽，蘊藏無聲的力量，更有如清遠的松柏，傲立於峻嶺之間不染塵埃，縱然面對挑戰，仍能不疾不徐，語言精練、有理有據、一針見血的點評問題，令人心服。從不因喧囂而倉促，亦不為困難而退縮，成為眾人難以企及的典範。

在林芳郁老師與師母的支持之下，我接任亞東醫院院長職務至今三年。三年間，時有高峰，偶遇低谷，而每每面對挑戰時，我總想起老師處世的風範與格局、堅定的信念與風骨，或許那樣的寬厚、篤定與從容，是我終其一生學習的目標；我也暗自期許自己的努力與不斷積累的一點點成績，能讓老師感到寬慰與肯定，在可見的未來，成為他驕傲的學生之一。

等待杜鵑啼

——在台大醫院有個説法：林芳郁沒有敵人，某某某沒有朋友……

林芳郁很早就跟著開創台大醫院心臟外科的權威名醫洪啟仁教授，學習心臟手術，但一九九二年時，林芳郁才剛升主治醫師，當時任台大外科部主任的洪啟仁教授被新光集團挖角，去創設新光醫院。這在派系森嚴的台大醫院引爆一次人事大地震。尤其，接任者是和洪啟仁教授長年在台大外科逐鹿爭雄的另一位心臟外科權威朱樹勳教授。

沒有派系奧援，仍深受不同門派大教授看重

在台大醫院，師父掌控徒弟的前途，失去掌門人兼恩師庇蔭的林芳郁，瞬間就「黑掉了」，成為非主流的邊緣人。如果是靈活善看風向的人，這時多半會轉而投靠當權者，但林芳郁沒有動搖，繼續認真地做他該做的事。

林芳郁尊師重道且好差遣，總是有事弟子服其勞，雖沒有派系奧援，還是深受不同門派大教授看重。他「跟刀」當資深醫師的手術助手時，從來不抱怨開刀時間太長，而是專心從頭跟到尾。許多外科醫師不喜歡作大教授的實驗室助理，情願在臨床和手術上求表現。林芳郁愛開刀，對學術研究也有興趣，能耐住性子守在實驗室做動物實驗，養狗、替狗開刀，鉅細靡遺地記錄數據。

他會讀書、樂於助人、會做實驗，還能寫研究報告，所以台大外科教授曾競相找他幫忙做動物實驗，例如同為換腎先鋒的李俊仁和李治學兩位外科教授，林芳郁既幫被稱為「快刀手」並研發異體器官移植的腎臟移植權威李治學教授做實驗，也幫創下亞洲第一例腎臟移植成功手術的李俊仁教授做實驗。

他以同樣的傻勁協助朱樹勳教授。朱樹勳教授那時是亞太地區急救加護醫學會理事長，出人意表地找了林芳郁當秘書長。朱樹勳教授沒有指派自己門下，而是找過去江湖對頭的弟子，很多人不理解他的用意。但林芳郁不關心為什麼，只盡責盡職地協助朱樹勳理事長，把學會辦得有聲有色。

不僅外科，內科教授也同樣欣賞林芳郁這個年輕醫師。他長年跟隨心臟內科名醫連文彬教授學習，最後更獲得另一位心臟內科權威李源德教授推舉，接續他出任台大醫院院長。李源德教授對我說，他在翻一位老病人的舊病歷時，看到林芳郁當住院醫師時，為這名病人術後所寫的手術報告。李源德說，林芳郁畫了好幾張維妙維肖的示意圖，手繪圖極精細，還寫下專業註解和說明，實在很難相信是出自一個住院醫師之手。

遠赴法國，深造心臟瓣膜修補術

林芳郁後來被讚譽是心臟不整脈及瓣膜整形手術的泰斗，其實那過程是吃過苦頭的。三十九歲時，他取得台大臨床醫學研究博士學位，決定赴法國進修深造瓣膜修補術。當時美國和法國各有一位大師級名醫，林芳郁為什麼捨美國選法國？他說，他的岳父、也就是我父親林秋江，一輩子都說自己是法國迷，他想去看看岳父鍾愛的國度。

想跟隨法國巴黎大學附設醫院心臟外科二尖瓣修補名醫Carpentier教授學習的人，實在太多。林芳郁寫了很多封信給Carpentier醫師，都沒有回音，他索性直接遠赴法國，想辦法見到Carpentier。不料Carpentier醫師說自己是共產黨員，不喜歡由當時國民黨主政的台灣，所以不方便教林芳郁。林芳郁表明：「我千里迢迢從台灣來到法國，就是想跟你學習。」Carpentier這才勉強同意讓他去醫院值班。

醫院手術常會拖延時間，值班醫師林芳郁既然隻身一人在法國，許多同事便請他留下來跟刀。林芳郁跟刀認真，縫合傷口仔細，Carpentier教授去查房，常有病人稱讚傷口縫得很漂亮，教授因而對他有印象。林芳郁偶爾會與同事切磋該怎麼治療，同事也把這些事向Carpentier報告。

有一天，Carpentier跟林芳郁說：「我要開一個刀，你來告訴我要怎麼開。」林芳郁記得那是一個先天性心臟病的患者，便說了自己的建議。Carpentier聽了點點頭，終於願意教林芳郁二尖瓣修補手術。大師傾囊相授的那時，林芳郁已埋頭苦幹兩、三個月。

與駱惠銘一起發表「中分定位法」獲殊榮

他曾去法國、日本深造，加上台大醫學院的博士學位，即使如此，在大教授雲集的台大醫院，林芳郁仍常常排不到外科手術室。他只好往外發展，陸續去當時的省立桃園醫院、台北市立陽明醫院等醫院開創心臟外科手術，並繼續投身實驗室做動物實驗，研究不整脈也就是心律不整。

跟他一起做心律不整實驗或常討論的朋友，有陳適安、林俊立、吳德朗和駱惠銘等人。這些朋友中，吳德朗後來成為長庚醫院的創院院長，陳適安是內科心律不整的權威醫師，後來出任台中榮總院長。

林芳郁和駱惠銘兩人在徐州街的動物實驗室裡，常花好幾個小時觀察動物實驗的電刺激效果、秒數，以研究與心律不整的關係。駱惠銘建議林芳郁，把觀察所得作為心臟手術的輔助定位。

一九九四年林芳郁與當時擔任省立桃園醫院內科主任的駱惠銘一起發表論文：以他們合作發明的簡易「中分定位法」，用於WPW症候群（沃夫巴金森懷特症候群Wolff–Parkinson–White syndrome）病人切除肯特束手術中，可節省手術時間兩小時以上。這種新定位法後來還推廣用於因肯特束傳導異常所引起的心室性頻脈病人的術中定位。

不過，這項簡易創新定位法，受到其它醫學中心院長級心臟外科名醫在聯合報投書批評，認為這樣簡易的定位法的精確度，比不上從國外高價購置的定位儀器，兩人的成功只是運氣云云。林芳郁毫不膽怯地為文回應，說他們就是在努力找出簡單又省錢的方法，希望在累積足夠經驗後，推行到全世界貧困的國家，造福WPW病患。

這場心臟外科醫師的筆戰，在醫界實屬少見。但多年後，林芳郁與當年質疑他的前輩名醫成為很好的朋友。林芳郁後來因這個創見，得到瑞典「心房顫動研討會獎」，曾獲頒Eric K. Fernstrom心房顫動研討會「青年研究者獎」，在心臟外科界是一大殊榮。

獲票選第一，翻轉台大外科升等制度

照道理，林芳郁三十九歲獲得台大醫學院博士那年，就應當升副教授，可惜因沒有名額，直到四十二歲才升副教授；且憑著研究論文質量，在四十五歲時快速升上教授。過去台大外科有要升等得送紅包的傳聞。輪到林芳郁要升等，改革派主張全員投票決定升等優先順序。他被票選為第一名，台大外科的升等制度自此終於公開透明。

在台大醫院有個說法：「林芳郁沒有敵人，某某某沒有朋友。」他沒有派系色彩，熱心助人，任勞任怨，願意成全別人，自然人緣好。

他任副教授時還兼任台大醫學院教授聯誼會的總幹事，他又發揮凡事全力以赴的精神，重塑聯誼會。邀請各界的大師級人物來演講。他曾開著他那輛老舊的Toyota去到萬里，一再懇求，才請來萬里靈泉寺釋惟覺法師。

林芳郁也請來因替經營之神王永慶開創及擘畫長庚醫療體系而聞名的奇才、長庚醫院決策委員會副主委莊逸洲來演講。莊逸洲本人都不解：「台大怎麼會請我這個長庚人去演講？」林芳郁那時已看出，管理精神正是台大所缺乏的。

林芳郁也是念舊知恩的人。老師洪啟仁教授雖離開台大體系，林芳郁始終對他執弟子之禮，畢生敬重。洪教授老年病重，林芳郁帶著台大名醫去新光醫院協助治療。洪教授過世後，師母特別把洪教授的藏書都送給林芳郁。

多年後，林芳郁從台北榮總院長卸任時，朱樹勳院長推薦林芳郁接替他，續任亞東醫院院長，還在交接典禮中讚許說，他早計畫將院長職位傳給得意門生林芳郁。當年林芳郁曾是朱樹勳競爭對手洪啟仁的弟子，知道這段歷史過往的人，都很佩服他們。

不在乎派系與得失：只要是對的，我就要做

我曾難免替他抱不平，林芳郁就會對我說故事，說那個關於日本戰國三傑：織田信長、豐臣秀吉和德川家康的故事。

故事大約的內容是：三位名將某天聚在一起，談起應該如何處理一隻不願意鳴叫的杜鵑鳥。以果斷和強硬著稱的織田信長說「殺之」。主張如果杜鵑不鳴叫，就將其殺掉，可見他個性中的決絕。善於機智和靈活的豐臣秀吉則說

「使之鳴」。也就是設法讓杜鵑鳴叫，顯然他善於運用計謀巧妙解決。

最後是有耐心有謀略的德川家康說「待之鳴」。意謂會等待杜鵑自己鳴叫。這反映了德川家康堅毅且能等待時機的個性。德川家康最終透過耐心，統一日本，建立了德川幕府，並將日本帶入長達兩個多世紀的江戶時代。

林芳郁說，不要在乎什麼派系，反正老師們年高德劭，總有交棒的一天。也不必計較得失，「只要是對的，我就要做」正是他的口頭禪。他作為學生，就是盡力而為，不必心急。

在升任台大醫院副院長後，林芳郁第一件事就是把我父親畫的一幅玫瑰靜物畫作，掛在辦公室。那幅畫是父親送我的禮物。父親年輕時也曾在台大當外科醫師，為了改善家境，才不得不出去開業。他曾慨歎，如果當年留在台大，「也許有機會當到教授吧」。林芳郁顯然記住了這個遺憾，有一天，他推著坐在輪椅上的岳父，特別到副院長辦公室看那幅畫說：「爸爸，您現在已經在台大醫院了。」

父親生前最後一場畫展上，林芳郁悄悄買下一幅畫作送我，這個彷彿偶像劇的浪漫情節，讓我高興了好久：原來到法國習醫一年的林芳郁也學會了浪漫。

【林芳郁教授的醫者之道】

「為病人而存在」的信念

台大醫院心臟血管外科主任

林芳郁教授是我深深敬仰的師長。過去他常說，最想做的事，是去小鎮當醫師。年輕時我們無法理解這位領導台大醫院的心臟外科權威醫師的想法。隨著年紀漸長才逐漸領會，他所追求的，並非醫術的卓越或社會地位，而是醫師工作的本質：人對人的關懷。

他曾形容理想中的小鎮醫師形象：手提醫療皮箱，親自到家探訪病人，為他們診察，摸摸他們的手，或許只是開一些營養補充品，教一些復健方法，卻能夠給病人帶來信心。因他知道這些看似簡單的舉動，會幫助病人獲得活下去的心靈勇氣和生理勇氣。

以行動展現醫者應有的謙遜與專業

在台大醫院，大家習慣尊稱大教授為「P」。但林教授喜歡大家喚他「林醫師」，而非教授。他在病歷上簽名，也僅簽「VS林」，也就是「主治醫師林醫師」的縮寫，而非「P林芳郁」。他不以頭銜自居，卻以行動展現醫者應有的謙遜與專業。影響所及，讓我們更加看重病人的感受與尊嚴。

他不會告訴我們什麼事是重要的，而是以提問來啟發我們。有一次，他以很文縐縐的語法問我：「你覺得醫師的知識和技術孰者為重？」他是要我們反思，在做心臟手術時，是刀法縫針迅速如風好？還是凡事循序漸進一次做到位比較好？最後誰的病人心臟會康復得更好？他要我們思考，醫術絕非單純講究技巧，更重要的是每一個步驟的穩定與確實。

為術後病人蓋被子，輕聲加油打氣

林教授一絲不苟，不僅治學嚴謹，對待病人更是絕對要求按部就班，並身體力行。心臟外科手術中，常需要讓病人降低體溫，術後再慢慢回升至正常體溫。有時我們不耐煩升溫過慢，想提早移除體外循環，但林教授總堅持按醫療計畫進行。作為主刀者，他專注地觀察回溫時間，站在手術台旁靜靜等待；其他人因此沒一個敢離開，直到病人安全回穩。他的耐心與堅持，讓我們明白，醫療中每一個細節都不容輕視。

手術結束，向家屬說明病情後，他會親自到加護病房再看看病人。即使病人仍處於麻醉狀態，他依然為病人蓋好被子，拍拍他們的肩膀，輕聲為他們加油打氣。那時還只是住院醫師的我們，會很好奇「這樣做真有必要嗎？」他反問我們：「你怎麼知道病人聽不到？」他親手寫下醫囑，詳細標註血壓、中心靜脈壓、肺動脈壓等數據目標及藥物劑量。深夜若病人有變化，林教授接到電話後半小時內，便會穿戴整齊來到病床邊，仔細看過病人後下達醫囑，也給照護團隊信心。

林芳郁教授常說，外科醫師就是會動手的內科醫師。從他投身開創心房顫動的實驗性「隔間手術」（compartment surgery）可以看出，他對心臟醫學的深度理解，及想方設法要醫好病人的堅持。

親手為手術留下紀錄，詳細描繪每個細節

在電子病歷尚未普及的時代，他會仔細修改年輕醫師的手術病歷，還親手為每一次手術留下備份紀錄，詳細描繪並註明手術中的縫針等每個細節。若病

人多年後回來複診，他便能翻出當年的紀錄，細緻地追溯病情的根源。他就是以這種謹慎周密的態度對待醫療。

他非常看重年輕醫師的栽培，曾破除萬難，改變台大醫院手術房的排刀傳統。早期心臟外科手術房有限，手術時段往往優先排給資深教授，年輕醫師只能枯等空檔。林教授積極倡導改革，花了極大功夫溝通，把原來專屬於資深教授的每天第一檯刀手術時段部分釋出，讓年輕醫師一周至少有一天可以早上八點鐘就開始手術。如此一來，像我這樣的年輕醫師，終於能在門診很有把握地跟病人說，某天我可以一大早替你開刀。病人不會一再重複禁食禁水，等待不知何時能開刀。

因著林教授大膽且不放棄地爭取，大幅改善醫病關係。他也堅信，幫助年輕醫師成長，才能提升醫療團隊水準。

他相信知識就是力量。在那個沒有YouTube的時代，他花很多時間研究經典教科書、舊病歷和醫學論文集，竭力學習救治病人的知識。在我印象中他是最早開始網購國外書籍的人，案頭總堆滿各式各項的英文書籍。他還是卓越的管理者，我曾向他求教，他推薦我閱讀彼得．杜拉克的管理著作，強調醫院管理的核心無非「常識管理」，並用「以人為本」的實際行動詮釋醫療管理。

林教授是位嚴謹的學者，他以專業與熱忱，為醫學領域樹立了榜樣。他勇於創新，敢於挑戰既有規則，為後輩鋪設更寬廣的道路。他更是溫暖的師長，用真誠的關懷與耐心的指導，教導後生晚輩。他頭腦聰明，學問好；以專業、責任與愛心，深深影響我們。他用畢生的身體力行，完美實踐醫者仁心的典型。

難忘林教授的「教學」小故事

最後我想講一個有關「教學」的小故事，可以看出林教授如何鼓勵學生提問題，而非給答案。

林教授從當年輕主治醫師開始，有堂課是臨床醫學實習，林教授約學生去台大醫院西址地下室喝咖啡討論。一九八八年當我是大四醫學生時，我們一組大約五個醫學生，他會提出一些觀察和問題，讓大家天馬行空亂想。

有一個問題讓我印象深刻。那天討論的主題是抗凝血劑，因為心臟外科向來就是使用抗凝血劑的專門科。林教授問：「除了現有的warfarin和aspirin，還有什麼藥物或自然物可以達到抗凝血的效果？」

有同學答：「蛇毒！」

林教授說：「很好，台灣以前在蛇毒的研究世界很有名的，特別是台大醫院，有心有興趣的同學可以去研究一下。還有呢？」

又有同學說：「水蛭」。

林教授說：「很好，還有沒有？」

「…」大家尋思良久。

終於有同學說：「蚊子」。

林教授笑回：「對，蚊子叮牛或人的時候也應該分泌有抗凝血劑，不然他的吸管就會塞住。」「你們有沒有想過，蚊子叮人或牛的時候，為什麼要分泌會讓人覺得癢的酸，這樣人就會打蚊子，蚊子就會死掉。如果蚊子分泌不會讓人覺得癢的物質，這樣蚊子可以吸血，蚊子也不會被打死，從達爾文演化觀點來看，這樣不是很好嗎？」

「…」同學們陷入沉思。

林教授最後說：「其實我也還不知道答案。大家慢慢想。如果有一天有人想出來，要記得來告訴我喔。」「好了，大家下課吧！去圖書館多讀書喔。」到櫃台結帳之後，林教授就像一陣風一樣，消失在中央走廊繁忙的人群之中。留下無限憧憬無限想像的醫學生。林教授就是這樣一位與眾不同的學者教授啊！

林芳郁教授手術現場與手術紀錄

圖文／虞希禹提供

手術紀錄一

這是寫於一九九八年的手術紀錄，記錄一位再次接受二尖瓣手術的病人。除了常見一定會描述的手術發現及手術方法，林教授還記錄各種手術心得，例如：(1)林教授仔細描述之前於一九八六年執行的腱索轉位手術目前的樣態，(2)他的手術步驟採取先縫三針在三個定位點，以確保瓣膜不致旋轉或不對稱而塞不進去。

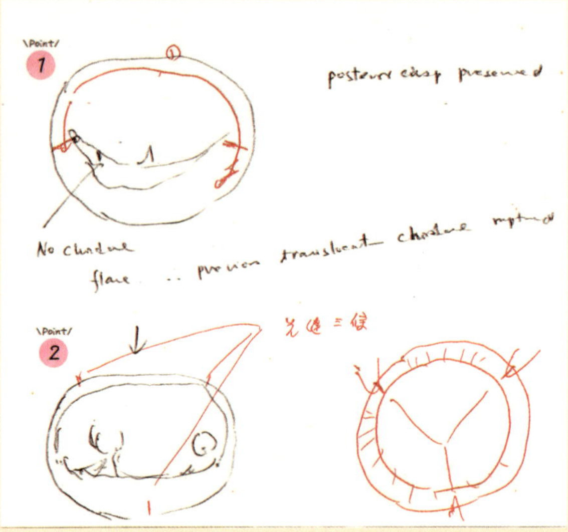

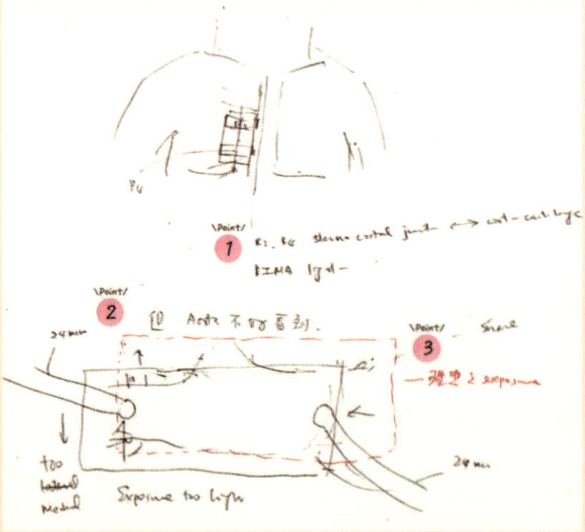

手術紀錄二

這是寫於一九九七年的手術紀錄，是一個用微創手術(小傷口)開刀治療心臟黏液瘤的紀錄。可以看到林教授對於小傷口的內乳動脈描述：(1)他打斷右側第三，第四肋骨的部分，並且向下折，結紮右側內乳動脈，(2)但仍覺得傷口(黑色方塊區域)太右邊，對於主動脈和心臟的曝露仍不夠理想，(3)理想的位置如紅色原子筆所示。

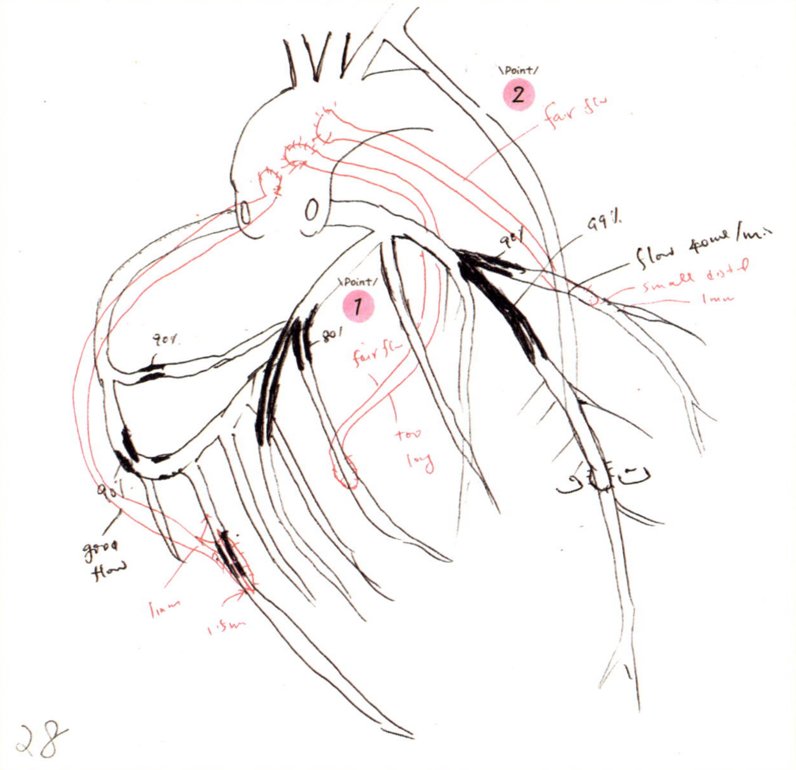

手術紀錄三

這是寫於一九九七年的冠狀動脈繞道手術紀錄，林教授仔細繪出血管管徑大小與血管品質：(1)吻合靜脈導管長度是否太長或太短，(2)血管接完後感覺的流量是否順暢。以二〇二五年的觀點而言，現在開心手術都有手機照相，甚至錄影記錄，也有各式測量血流的輔助設備，但須注意，這是在一九九七年，那時要完成這麼多細微瑣碎的紀錄，才能觀察病人未來十至二十年的手術結果。

林芳郁教授（右二）與駱惠銘教授（右一）發表「中分定位法」獲殊榮。

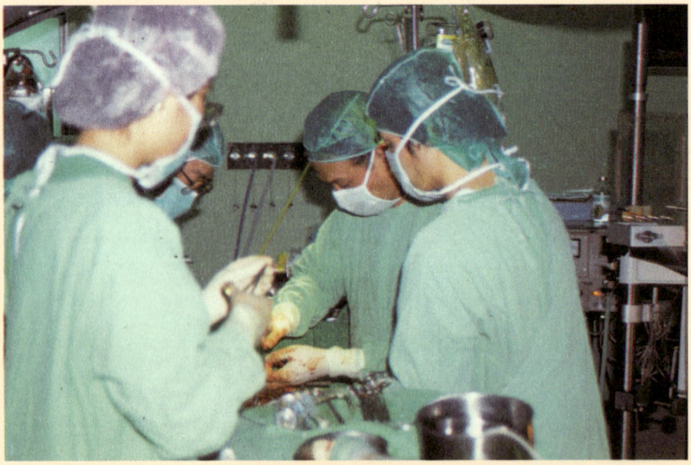

林芳郁教授（右二）與駱惠銘教授（左二）正進行動物實驗。

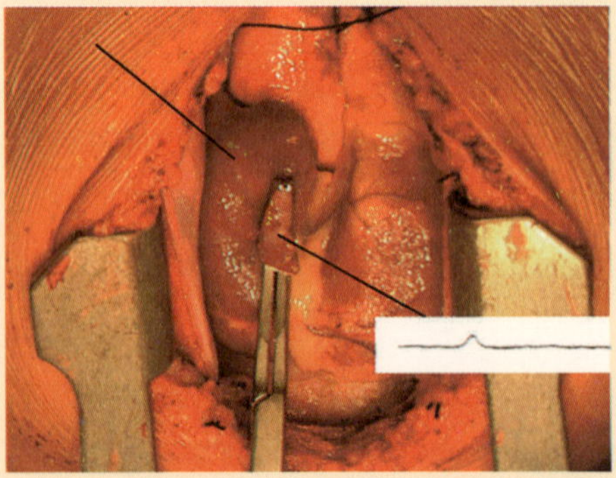

據動物實驗，右心房的電氣訊號顯示它正在跳動，但被夾住的右心耳則無電流傳遞，只有一個內生性電氣訊號。

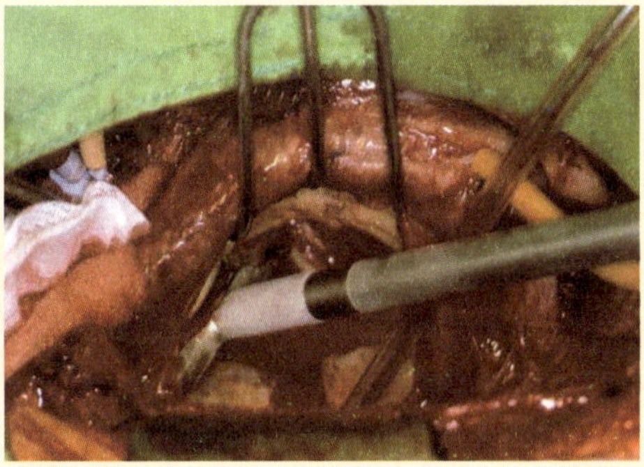

心房隔間手術治療心房顫動：手術中正在用冰凍治療對左心房上緣進行隔間手術。

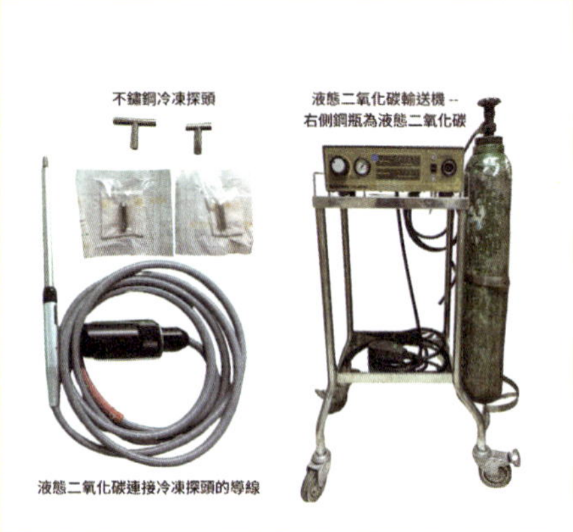

液態二氧化碳冷凍治療儀器（Cryosurgery System）。

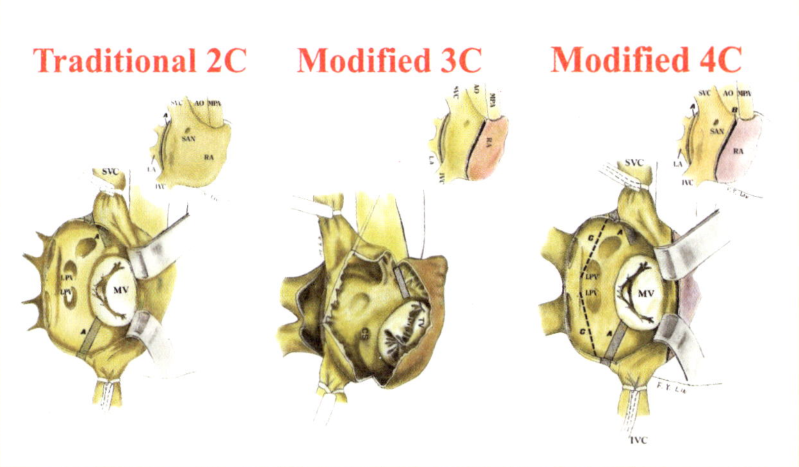

林芳郁教授手繪心房隔間手術示意圖（atrial compartment surgery）。

重整台大急診部

——翻轉全台的急診流程，如今已成為全國緊急醫療的SOP

林芳郁的性格根柢是使命必達，不過他一度想拒絕接任台大醫院急診醫學部主任。民國八十六年，林芳郁已是心臟外科主任，不料，台大醫學院謝博生院長和台大醫院戴東原院長共同指派他接任急診部主任。林芳郁心裡猶豫，不是嫌棄形同降調，而是當時急診部「就像垃圾堆一樣，病人不會特別感激那裡的醫師，我幹嘛要從天堂跳到地獄？」於是他跟兩位院長說：「我再考慮考慮。」

當時台大醫院急診部位於舊院區，狹小但病人眾多，大家常用菜市場來形容它的忙亂。林芳郁跟我說：「那個急診室亂七八糟，是要怎麼管？」他打算婉拒。可有人告訴他，在台大醫院的分科傳統，急診部歸外科部主任兼管，就像加護病房歸內科主任兼管一樣。如果抗命不接，急診室可能落入內科手中。林芳郁也接到當時外科主任張金堅的電話：「我以主任的身分命令你去接。」

接手台大急診部，硬著頭皮面對挑戰

林芳郁告訴我，事涉做人原則，無法再考慮個人得失，只能硬著頭皮面對挑戰。**上任後他發現台大急診部有很多年輕優秀醫師，滿懷救助病人的熱忱。林芳郁直率地問，有誰想調離急診部的？沒想到，好多人都誠實地舉手。**

看著那一張張坦率的臉龐，林芳郁知道是環境不好，工作負擔過重，整天承受病人抱怨，才會士氣低落，都想調職。他決定和這群有才華的年輕人重新改革台大急診部。當年那群急診部的年輕人裡有陳石池（日後曾任台大醫院院長）、陳文鍾（現任桃園敏盛醫療體系總院長）、石崇良（現任健保署長）、馬惠明（現任台大醫院雲林分院院長）及石富元（急診醫學權威醫師）等人。

他想既然接了，就要好好做，「急診應該要做什麼，就要做什麼，」不能又髒又亂，毫無章法。沒想到他當年推動的改革新制，還真的全面翻轉了全台的急診流程，目前已成為國內急診的SOP。他擇善固執，全力倡議雙軌救護，在一九九八年先以台大醫院為基地，建立「醫院雙軌制到院前救護服務」，啟動國內到院前高級救護的先河。

首先他詢問了剛從北美學習緊急醫療救護回國的馬惠明，當務之急是什麼？馬惠明說，急診救人不應等病人送到急診室才開始，應該設法提早開始搶救，如果病人在救護車上什麼也沒做，那救護車的功能就只是運輸。

推動EMT制度，病人上救護車就開始急救

當年的救護車是陽春車，頂多只有氧氣。急診部內部會議討論希望推行緊急救護技術員（ＥＭＴ）制度，訓練救護員，並在救護車上裝置監視器、抽痰機、電擊器等設備。病人一上救護車就開始急救加護，提高生存率。

他除了要求主治醫師站到第一線看診，以及隨同救護車派出合格的救護員，從接到病人當下就立刻著手搶救，並與急診室聯繫預備接手病人，直到把病人送到急診醫護人員手上，也就是所謂的雙軌救護。目前這已成為醫院急診「醫院雙軌出勤救護作業」標準流程。

這個全新的計畫初估需七百萬元，但醫院沒有這筆預算。林芳郁曾回憶道：「這個計畫一提出，每個同仁都舉手願意參與，也有能力奉獻，原本死氣沉沉的部門忽然活了起來，我這個菜鳥主任拍胸脯保證籌足款項。」

然而，林芳郁一輩子沒有收過病人金錢上的饋贈，成年後不曾再向父母拿錢，沒有貸款，也沒有向任何人低頭要錢的經驗，根本不知道要去哪裡張羅這麼大筆的錢。他只好先回家跟我募款四十萬買相關書籍，給急診同仁先進修。

開著老爺車，為急診新制到處募款籌經費

為了讓新制能順利上路，林芳郁向當時的台北市衛生局長涂醒哲申請經費。在開會時，全台北市的醫院急診部主任一致反對，因為一旦台大實施成效良好，他們勢必要比照辦理，那樣會很辛苦。但是林芳郁很堅持，他向與會者解釋：「今天我不是在徵求你們的同意，你們贊成，我要做；你們反對，我也要做。只要是對的，我就要做。」

經費無著落，後來還是他的病人跟他指點明路：可以跟扶輪社募款。於是，每周工作之餘他就開著他那輛一千五百c.c.的舊車，往各地扶輪社去募款，他說：「剛開始無法適應，日子久了，我告訴自己，這是為大眾做事，應該勇往直前。」但跑了半年只募到一百五十萬。

有一天因高速公路車禍大塞車，那時還沒有高鐵，林芳郁去苗栗演講募款，到家已凌晨一點，天一亮還有心臟手術等著他。他想，這樣不是辦法，就回科內與同仁商量，馬惠明醫師建議撰寫計畫書向衛生署申請補助款。

當時衛生署長詹啟賢在美國待過，瞭解緊急救護技術員（EMT）制度是該走的趨勢，雖然他能動用的款項有限，但很快撥了四百萬元給台大急診部試

辦ＥＭＴ計畫。

有了之前的募款經驗，林芳郁又向幾位企業家募得不足的數字，計畫終能付諸實行。林芳郁在多年後曾總結道：「這個計畫培育了ＥＭＴ人才，造就了台大急診部許多急救加護專家，提振了士氣。成果在國際醫學會報告後，包括新加坡等多國前來學習，這個制度後來被台北市衛生局採用，推廣到全台。」

他解釋指出：「民眾發生意外包括中風、心跳停止、嗆到、受傷等，如果沒能立即急救，可能死亡也有可能留下後遺症。救護車及時帶來急救人員及設備，把握黃金時間，生存率及生命品質都提高。」很少自誇的林芳郁談起這段往事曾說：「這是一件挑戰性的工作，當時沒有人敢這麼做。」

台灣急診醫學會頒發「ＥＭＳ貢獻獎」

二〇一五年台大醫院慶祝成立一百二十周年，重要院史發展紀錄中寫著：「一九九八年，急診醫學部於林芳郁主任領導下，首先推動『雙軌制到院前救護服務』。」（摘自台大醫院雙甲子紀念特刊）

二〇二二年台灣急診醫學會頒給林芳郁「緊急醫療救護（ＥＭＳ）貢獻獎」，得獎理由寫著：「林芳郁教授於一九九七年擔任台大急診主任開始，即高瞻遠矚開始致力培養人才推動緊急醫療救護系統與災難醫學系統⋯回首過去二十五年，現在台北市緊急醫療系統能成為全國的智庫模範，當時林芳郁教授奠定的基礎居功厥偉。」後續在台北市推動醫院雙軌出勤救護社區民眾計畫，不但大幅提升到院前心肺功能停止（OHCA）存活率，也在九二一震災發揮了積極作用，豎立台灣現代緊急救護的里程碑。

此計畫不但是我國首創，後來更衍生成為「OHCA登錄系統」、「高級救護技術員（EMTP）訓練」、「院前雙軌派遣制度」、「公共自動去體顫器計畫」、「責任醫院創傷分級認證制度分級與繞道」等等，諸多我國現代城市緊急醫療救護（EMS）的運作模式，影響深遠。

一九九八年時，為落實急診「急重症優先」治療原則，改善輕重症病人混雜在一起的亂象，林芳郁還與同事在台大急診部開闢出第三、四級輕症病人的「快速診療區」，也是國內醫院中，最早開始將病人依病情輕重分區治療的。

從接手急診部開始，林芳郁一邊推行新制，一邊帶領同仁到美國、新加坡等地發表文章，用林芳郁的話就是「把他們拉起來」、「輕鬆做、躺著幹，不可能把一件事情做成功。」後來在災難醫學、緊急救護方面，都有愈來愈多人才投入，他也向相關單位推薦這些人才，讓他們有發揮專長的舞台。

【EMT，台灣緊急醫療救護轉捩點】

眼光遠大的領路人，安靜剛毅的改革者

衛生福利部中央健康保險署署長
石崇良

林芳郁院長曾任三大醫學中心院長，又被奉為心律不整手術的泰斗，但在我看來，他的貢獻遠超過這些名銜。他是眼光遠大的領路人，也是安靜剛毅的改革者，他能在荒煙蔓草間，看到未來必走之路，以決心引領大家，改變台灣許多重要醫療制度。他當年開創的變革，翻轉了台灣醫療，至今仍日日夜夜搶救無數生命。

我正是第一批跟著救護車跑的急診醫師

我非常感激林芳郁院長的知遇之恩。他剛從台大醫院心臟外科主任轉來急診當主任時，我只是個總醫師，馬惠明醫師剛從美國深造回來，開始推動台灣到院前救護系統的改革。以前台灣的到院前救護制度，充其量只是把救護車當成是比較快的免費計程車，病人在到達醫院前能得到急救措施的比率很低。

當林院長理解「到院前緊急救護」的價值，決意推動。除了台大急診開創性的聘用派遣員（dispatcher）及緊急救護技術員（EMT）投入訓練，他同時設法勸募經費並帶著馬惠明醫師去消防局，說服當時的台北市消防局熊光華局長配合推動試辦計畫，成為今日到院前高級救護模式的先驅。

為考量病患安全，回想試辦計畫初期，是由急診醫師陪同救護車一起出勤搶救病人。這是台灣緊急醫療救護系統（EMSS）非常重要的轉捩點，它像齒輪般開始轉動，全盤翻轉到院前救護的作法。

我正是第一批跟著救護車跑的急診醫師，也是第一次體驗到，醫師不只是在醫院裡等病人，還能走出醫院在第一時間搶救生命。

噎到香菇、被雷打到的病人，第一時間獲救

跟著救護車，我曾去餐廳急救吃香菇噎到的病人。我趴在地上，用喉頭鏡撐開病人嘴巴，將卡住的香菇夾出來，病人當下就活過來了。也曾趕到凱達格

蘭大道救治遭雷擊的機車騎士。我們一到現場發現病人已無呼吸心跳，立即急救及插管，再把病人送回醫院急診，不久病人恢復自主呼吸，很快康復出院。

我見證急救成功的病例一再真實上演，非常戲劇化。證明如能在事故發生後第一時間及時救治，病人的預後甚至命運都會有天壤之別。以往病人送到醫院才開始急救，往往錯失救命的黃金時間，或因缺氧太久，造成病人心臟和腦部的永久性傷害難以挽回。

擴大成為全台「五環生命之鏈」的標準救護制度

EMT制度試辦計畫十分成功，但因醫師隨車的成本太高，難以普及。後來改由經訓練合格的各級救護技術員接手到院前救護，並逐步擴大到各個縣市落實。如今，經常可見救護車一到現場，救護技術員立即評估傷患嚴重度，並施予急救，如電擊、CPR。這套作業並非理所當然，而是林院長從台大急診開始推動，後來才慢慢擴大成為全台急救「五環生命之鏈」的標準救護制度。林院長領導推動的這些改革，不但需要非凡的眼光，更需要魄力及毅力。

林院長總鼓勵年輕人學習，從不吝於提供機會和表現的舞台，也經常提醒，醫師除在醫院救死扶傷，更應走出醫院，影響社會改變制度，才能救治更多人。

他也運用自己的影響力和資源，扶植急診醫學的專業發展，培育無數專才。年輕醫師在他的鼓勵下，各自發揮所長，除了馬惠明投身到院前救護，還有石富元醫師專攻災難醫學，方震中醫師專攻急診毒物醫學等。

我原本預期的自己，無非在台大當一位醫師，從事教學、研究、服務，但因他的鼓勵，我走上截然不同的路。

記得剛升任主治醫師時，一個偶然的機會跟著林院長參加國際急診醫學會年會。那時剛好有一部「人都會犯錯」（To Err is Human）紀錄片，講述醫療現場容易發生的錯誤，以及應如何寬恕但不要重複犯錯。該片引發國際社會及醫界開始重視病人安全，並認為制度和系統設計對病人安全至關重要。林院長看出「醫療品質」及「病人安全」必然是未來醫療的核心。於是在擔任台大醫院副院長期間，取得李源德院長支持，在台大成立全國第一個病人安全與品質管理中心，指派我任副執行長並往美國加州大學洛杉磯分校（UCLA）及英國國家病人安全機構（NPSA）取經。

杜絕台大醫院紅包文化、推動主治醫師值班制

「病人安全」的觀念及作法，就此引進台灣，並成為後來評量醫療品質的核心價值。林院長無疑是台灣病人安全的重要推手。也出於他的鼓勵，我申請進入台大醫管所專攻病人安全，開始投身病人安全及醫療品質管理的領域，直到現在。

他是一個永遠的改革者。很多改革，從台大急診起步，也由他以身作則，再推到台大醫院全院，最後擴及全國各大醫學中心甚至所有醫院。主治醫師值班制就是他推動的寧靜革命。

早年醫學中心的主治醫師很少值一線班，以急診為例，明明是病況最混沌不明的病人，卻交給沒有經驗的住院醫師輪班收治。林院長認為台大急診想振衰起敝，必須做出醫療品質，所以他以身作則，推動主治醫師第一線值班制，他升任院長後，更要求各科部都要落實主治醫師值班制，這制度也逐漸影響各大醫院。

其次，他真正杜絕了台大醫院的紅包文化。病人送醫師紅包的陋習，歷史悠久盤根錯結。他深惡痛絕，他不僅自己拒絕紅包，更明文規定，甚至在醫院各處張貼告示，明令禁止收受紅包。

二〇〇八年五月，他應總統之邀出任衛生署署長，只帶了我一個人赴任。但不久後，他為三聚氰胺事件下台，因為他秉持科學精神，講出「依當時檢驗能力無法將三聚氰胺訂零容許值」的事實。面對政治攻擊，他認為最好的對策就是他請辭負責，來終止社會紛擾。

勇於承擔！請辭衛生署長，卻力勸我留下

林院長離開衛生署時，我也想跟著他回台大。但他力勸我留下來：「你還可以為這個國家做很多事情，年輕人應該不斷地學習接受挑戰。」並交代我應該繼續完成的幾件重要任務。

第一件就是改革醫院評鑑制度。他有句名言：「醫院評鑑已從水餃變肉粽。」傳神地形容當年醫院評鑑的龐雜，過程繁瑣且流於文書作業，嚴重干擾醫院營運及醫事人員工作。他原已組成評鑑改革小組，準備以病人安全與醫療品質為核心，簡化評鑑基準及相關程序。我賡續他的指示，逐步把逾千條的評鑑項目、條文大砍到剩兩百餘條，並導入常態性監測，以具體的品質指標取代書面報告。

第二件他念茲在茲的是推動醫療事故補償。當時醫療糾紛愈來愈多，醫病

關係日趨緊張，林院長認為，但凡是人都會犯錯，應該以系統改善、制度設計來努力防錯；對於難以避免的錯失，最重要的並非究責，而是醫界能自省學習改善，病人能獲得適當的補償及撫慰，醫病兩相安，醫療才可能不斷進步。

推動醫療事故救濟並不容易。後來我們從孕產婦的生產事故救濟開始，待醫界也有了信心，才再擴大通過醫療事故預防及爭議處理法，使醫療糾紛訴訟大為減少，醫院也更重視病人安全及醫療品質。

從不彰顯自己，拒絕被推薦爭取醫療奉獻獎

林院長一生信仰且身體力行「僕人領導」，凡事以身作則，而非只是口頭說說，做表面文章。若說他有什麼缺點，可能就是太正直了，太寡言了，即孔子所說的「剛毅木訥，近仁」。他最常說的話，就是短短五個字：「你做得很好。」雖然鼓勵的話語不長，但總是會加上他熱情的擁抱，讓我們感受到他的真心與溫暖，勝過千言萬語。

林院長為人謙沖，從不彰顯自己，加上拙於言詞，他的貢獻明顯被低估了。有一年，我們想推薦他去爭取醫療奉獻獎，他也拒絕了。

林院長這幾年健康不如以往，並不減損我們對他的景仰和尊敬。他的言

教、身教影響我與許多人，對台灣的醫療制度及社會的進步，做出極大奉獻，源遠流長。不僅是醫者的典範，更是台灣醫療標竿性的人物。對學生後輩的啟發，永遠讓我們心存感念。雖然，我相信依林院長的個性，他完全不會在乎這些表彰和感謝。

最後，我要表達對師母林靜芸醫師的感佩和感謝。他們的恩愛讓人羨慕，在我的記憶中，林院長對師母總是那麼溫柔那麼體貼，他永遠都牽著她的手。聚餐時總是師母在講話，林院長就在一旁安靜地笑著、看著她。現在，林院長病了，換師母陪在他身旁，緊緊握著手，形影不離。我很佩服師母的堅強與勇敢，願意把這些事情記錄下來，因為，真是太重要了。

人才與管理

——不管在什麼地方當主管，都能培養出無數的人才

林芳郁發掘人才主要看兩個面向：是不是在一般的知識和技術之外，還有更多的專長；有沒有足夠的熱誠，願意投入大量的心力和時間。

正直敢言有遠見，受李源德院長器重

林芳郁說過，有一次他以急診醫學部主任身分出席台大醫院院務會議，李源德院長提出一個方案，只有林芳郁反對且直言：「這制度對同仁很不好，下面的人會受不了。」與會者面面相覷，因為李源德院長很有威嚴，平素沒有人敢這樣當面唱反調。

沒想到不久後，有人找林芳郁說，李源德想請他接副院長，問他有無意願。可見李源德院長治軍極嚴，卻也是察納雅言、有度量的領導者。

林芳郁非常受李源德院長器重。林芳郁常說，他在李源德院長身上學到很多組織管理與行政經驗。當年在討論台大醫院是否應該設立兒童醫院時，院內一片反對聲浪，理由包括林口長庚已有兒童醫院，以及台灣少子化、兒童醫院不賺錢等等。林芳郁獨排眾議主張，身為國家醫院，台大有責任照顧兒童的健康。第一線兒童醫療設施雖然充分，但後送醫院及重症轉診網絡不足。如果連台大醫院都不設兒童醫院，那誰有能力做？

如今台大兒童醫院成立逾十年，已成為重症兒童的依靠，還扮演台大醫院的備援腹地。二〇〇八年底，台大醫院開刀房大火，手術全面喊停。手術室重建期間，手術房幾乎都移往兒童醫院，手術才免於停擺。很多人感慨說，幸好當年林芳郁有遠見。

打破派系藩籬：不管什麼派，都是台大派

在林芳郁接任亞東醫院院長時，柯文哲曾公開讚揚林芳郁是「為人處事最完美的人」，這是只看到林芳郁耿介正直一面的人，很難體會的。

林芳郁在台大醫院近四年的院長任期，我觀察他有兩大貢獻。一是他始終主張，不管黑貓白貓，只要會抓老鼠的，就是好貓。所以他秉持「不管什麼派系，都是台大派」，設法打破藩籬，匯集人才一起努力。他的堅持，使台大派系文化漸漸淡去。

過去，台大醫院選任科主任時，尤其外科，往往優先考慮那些醫術精湛、患者眾多的醫師。林芳郁帶來新的視野，他認為單靠個人英雄主義已不足以勝任主管。除了個人出色的醫術外，還須具備領導團隊的能力，不僅要確保團隊的高效運作，更需將自身的專業技能，諸如獨到的手術技法，無私傳承給後輩，才堪稱真正的領導者。

他常說，他的管理心法乃「僕人式領導」。領導者的職責不在指責他人的過錯，彰顯自身卓越，應將服務他人放在首位。

很多台大名醫教授以嚴厲冷峻出名。林芳郁說，這就像「北風與太陽」的寓言故事，若主管如北風般猛烈吹襲，終日批評指責屬下，那麼屬下只會愈加防備，絕不會因你的要求而展露真心。主管應像太陽般溫暖和煦，團隊感受到關懷與凝聚力，才能共達目標。

知人善任，促成「最佳拍檔」

林芳郁用人知人善任，有趣且有智慧。他接任台大院長後，馬上要指派雲林分院院長，他選了台大骨科黃世傑教授，我很好奇這樣的安排。林芳郁解釋，黃世傑教授很有領導能力，有應付議會的經驗，又有脾氣，很適合草根性強的雲林，有足夠的震懾力來應對地方派系大老。他同時選派了身段柔軟的心臟內科名醫黃瑞仁去當副院長。

二〇〇四年七月林芳郁出任台大醫院院長前，邀請黃瑞仁前往台大醫院雲林分院擔任副院長兼心臟血管醫學中心主任，要他去改變雲林的心臟醫療環境，任務是建立心臟內科與外科團隊，並承諾提供年輕醫師團隊與設備支持。雲林那時缺乏心導管設施，急性心肌梗塞患者無法獲得及時救治。黃瑞仁於二〇〇四年十月一日上任，十一月十五日起啟用心導管檢查，次日開始心臟手術，十二月一日即成功救治首例急性心肌梗塞患者。

黃瑞仁回憶說，當時他還只是副教授，子女年幼。依台大的傳統，如果拒絕赴任，這輩子就升遷無望。沒想到林芳郁對他說：「給你二十四小時考慮，你很優秀，但無論接受與否，都尊重你的決定，我都能接受。」叮囑他回家與太太商量。這樣以氣度而非以權勢帶人的態度，展現出罕見的體貼與包容，讓黃瑞仁深受感動。最後，原來只打算去雲林分院服務兩年的黃瑞仁，因使命感及林院長的感召，在雲林分院擔任副院長及院長，共十二年。

事實證明，黃世傑和黃瑞仁兩人是極佳的搭檔，從硬體設備改善著手，引進大量醫師，充實門診、急診及重症醫療，破除鄉親疑慮，還打造成遠距醫療示範醫院，也把雲林從醫療沙漠，蛻變成中台灣的心臟醫學重鎮。他們兩人任滿離職時，雲林人都十分不捨。

處理趙建銘案，一度壓力大到想退休

林芳郁曾說，在台大院長任內，最棘手、壓力最大的事，就是處理前總統陳水扁女婿趙建銘案。期間他一度神情嚴肅地跟媒體說，他和太太說想退休。

當時趙建銘捲入台開內線交易案，遭台大醫院停職。第一家庭的弊案連環爆發，檢調還搜查趙建銘在台大醫院的辦公室，發現辦公室裡沒有幾本書，只找到紅酒。加上趙建銘與家人許多脫序行為，讓林芳郁既震驚又頭痛。趙建銘復職期將屆時，向台大醫院申請復職，林芳郁召集全院的院務會議，以投票表決趙建銘是否適任，結果以五十七票反對、一票贊成的壓倒性票數否決了趙建銘的復職申請。趙建銘成為台大百年來第一位經院務會議表決去留的醫師。危機化解後，媒體評論說，此舉維持住台大「只問是非，不問權勢」的傳統。

培養人才，為他們搭建舞台、申請研究經費

林芳郁的第二個貢獻，應是延續前院長李源德的重要作為，包括推展國際級醫療及合作，醫療服務的整合改善，還有他非常看重的培養人才。林芳郁不管在什麼領域當主管，都能培養出很多出色的人才。例如，何弘能（曾任台大醫院院長）、黃瑞仁（現任輔大醫院院長）、吳明賢（現任台大醫院院長）、楊培銘（現任肝病防治學術基金會總執行長），還有乳房外科權威黃俊升醫師、胰臟外科權威田郁文醫師及胸腔外科權威陳晉興醫師等。林芳郁努力為他們搭建舞台，讓外界認知他們的成就，還設法替他們申請研究經費。

台大醫院的內視鏡醫療一度落後於其它醫學中心，這不僅影響診斷和治療效果，也阻礙新技術引入與發展。為扭轉劣勢，林芳郁積極尋找各種經費來源，大力推動台大內視鏡醫療發展。透過他的努力，包括王秀伯和林肇堂在內的醫師得以施展所長，最終提高台大內視鏡醫療的水準，在國內外名列前茅。

連一向被視為台大醫院邊陲的牙科，林芳郁也費心拉抬，除了更新改善老舊的設備，並積極支持牙科部主任林俊彬，促進牙科部的發展。

【充滿人文氣息的林院長】

人師

台大醫院前院長
何弘能

林芳郁院長在台大醫學系高我四屆，雖然久聞其名，但是真正有較頻繁的接觸是從二〇〇一年開始，當時他是副院長，我是醫研部主任。經歷二〇〇三年SARS的洗禮，他當時對醫務管理、整合和急診部關診處理，讓我印象深刻且佩服。後來有機會在院長室會議中，對於教學型和研究型主治醫師的設立與竹北生醫園區的規畫兩個主題，和林院長有更多接觸和共事，對他了解更加深刻。有一天突然收到他送的一本書，第一頁題字「這本書可以像研究論文一樣有趣，希望你會喜歡」，我也欣然把它看完。雖然沒有向林院長表達過什麼，其實心中是很高興和感動的。

二〇〇四年，林院長突然到我的辦公室來找我，說將找我當他的副院長，不料後來我被學校退貨了，直到二〇〇五年四月才得以上任，開始和林院長有更多的接觸和共事。起初我的辦公室在他的對面，是原先的儲藏空間改建的。因為門就對著院長辦公室，一有事院長祕書美慧就喊我到辦公室跟林院長討論。後來有副院長離開，林院長幫我找了另一個辦公室，說那是他原先的辦公室。

林院長規畫和組織能力，讓我驚奇

在林院長任內，我跟他學習了不少管理領導相關的課題。他說一個完整合作的團隊一定要共同完成一個任務，於是提出了院長室同仁「登玉山」計畫，每周都要登山訓練，鍛鍊體力也增加大家的合作團結。

我大概是最常和他一起出國的副院長了。我一直很驚訝他為什麼可以有那麼強的規畫和組織能力，他的行李永遠是小小的，卻都能裝夠所有必需品。同樣是大外科系的醫師，我習慣吃飯很快，可是每頓他都比我快，他吃飯似乎是用倒的。如今回想起來，還是充滿驚奇。

林院長很有人文氣息，每次的主治醫師座談會演講最令人期待。他會花兩、三天，把自己關在院長辦公室的小房間，專心準備感動每個人的講稿。我們都喜歡看書，每天互相交換讀書心得和醫學新知，他還常常轉傳他兒子當時在紐約大學（NYU）和他交流的文章、報導給我。院長是個不吝分享的人。

就任衛生署長前，仍心繫台大醫院與同仁

二〇〇八年，院長將卸任去當衛生署長，有天晨會前，他把我叫到他辦公室，分享他去當署長的初心和用意。整整快三個小時他不斷地耳提面命，交代了許多事情。告訴我用人一定要擺對位置，要信任和授權。並且交代要善待護理師、物理治療師、心理師、職能治療師等其他醫事人員，盡可能幫忙他們成立自己的門診。最後甚至把他收集許久的有關「冬眠」的文獻也一併交給我，希望我幫忙完成進一步的研究。

可惜這些年，我只完成部分任務，實在不好意思。林院長是個滿懷理想的人，他去當榮總院長前，曾告知我，讓我知道他的理想，和對台大醫院未來的期許。我了解他即將面對的困難，可是他仍然滿滿信心和期待。林院長很溫暖，永遠有一顆溫柔的心，常告訴我「照顧病人，特別是罕見疾病，是一個成熟社會的責任。」對同仁更是熱情，常說「醫院的績效可以多分給所有同仁，不只醫師。」

亦師亦友，人師難求

在林院長卸任的晚宴上，大家希望我用一句話來形容心目中的他，當下我用的是「亦師亦友」。他離開台大後，見面機會少了，大家各自忙碌，可是彼此還是互相關心的。十六年過去，我自己的人生歷練多了些，待過他曾經的位子，經過無數的考驗和更多的挫折後，如今要我用一句話來形容他，我會說「人師難求」，林芳郁院長正是那位人師。

他與VIP們

——服務VIP固然是必要的特殊任務，林芳郁從嗆李登輝到改革「景福門診」

林芳郁是個不愛出風頭的人，在他嗆聲前總統李登輝之前，不算出名。有人形容他，做很多事但講很少話，手腳和腦子動得比嘴巴快。可能因為很欣賞他埋頭做事的風格，李源德院長很信任他，指派他任首席副院長。

當時台大打算接下經營困難的署立雲林醫院，成立台大雲林分院，所以常要與雲林縣政府及地方人士談判及協調，李源德都派林芳郁去。等到要選派雲林分院院長人選時，沒有人願意去，林芳郁說：「那我去好了。」林芳郁不知道的是，那時李源德院長正與台大陳維昭校長，費盡心力向層峰溝通，要推薦林芳郁出掌台大醫院院長。

接任台大院長，背後有段拔河的小故事

沒有派系奧援的林芳郁，最終在激烈競爭中脫穎而出，二〇〇四年八月接任台大醫院院長。陳維昭校長日後在回憶錄中記下，當時的總統陳水扁因另有屬意的台大院長人選，特別把陳維昭找到總統府喝咖啡，當得知陳維昭已選定林芳郁時，陳水扁氣得說，若找林芳郁當院長，以後不來台大看病。不過，那應是阿扁總統的一時氣話，林芳郁接院長後，陳水扁和家人依然在台大就醫。

台大醫院一百多年歷史中，很少由外科系出身的人接任院長，除了高天成之外，林芳郁是史上第二人。台大內部有個說法，因為外科背景的醫師常要做手術，無心於行政工作，所以不適合當院長。當時果真有醫學院的師長，希望林芳郁專心當院長，未來盡量不要再開刀。林芳郁依言把門診減為一周一次，手術日也減為一周兩天。外人不知曉的是，林芳郁對我說，這是他人生中很傷心的一件事。

握手術刀救病人，是他一生中最鍾情的事

如果問我，林芳郁平生最喜歡的事情是什麼？我想，應該是在手術房為病

人開刀。他從學生時代起，就很認真地訓練自己成為一個好外科醫師。他大四時，跟著內科連文彬教授學心臟疾病診斷；以及很多年不眠不休地幫許多大教授做動物實驗、為狗開刀，都是在鍛鍊醫術。手握手術刀救治病人，才是他一生中最鍾情的事。為了專心作台大院長，被迫減少手術，對他是很痛苦的犧牲。

林芳郁任台大院長時，台大醫學院院長是陳定信。有人說，這段時間是有史以來台大醫學院跟台大醫院關係最好的時代，因為林芳郁與陳定信皆為世人所稱的君子，而且兩人情誼深厚。過去，台大醫學院和台大醫院雙長之間，恆常有一種競爭和難以協調的歷史情結。在制度上，醫院附屬於醫學院，醫學院理應是頂頭上司，但是台大醫院院長在社會上享有更崇高的聲望地位。林芳郁與陳定信卻始終彼此敬重，陳定信欣賞林芳郁，林芳郁尊敬陳定信。每周兩人都會一起喝咖啡，不管醫學教育或醫療服務，都互相溝通，共同努力。

台大醫院的VIP醫療

至於讓外界開始注意到林芳郁的前總統李登輝事件，得從台大醫院的VIP醫療說起。李登輝就任總統後在台大就醫，當時負責總統李登輝健康醫療的是台大內科連文彬教授，副總統連戰的醫療工作則由台大內科王正一教授負責，台大醫院會依這兩位教授的指示，完全配合提供醫療服務。這樣專人單線負責元首健康的優點，是形同有專屬御醫，且能確保元首及家人的隱私。但是負責的醫師個人要全年無休待命，壓力沉重，且如果負責醫師臨時不在，其他醫師難以立即接手。

有一次，王正一教授出國，連戰臨時需要就醫，醫院才發現病歷鎖在王教授辦公室，無法調閱。李登輝則抱怨「差點被台大醫院搞死」。遠因是李登輝認為自己的糖尿病未得到適當的醫療。但除連文彬教授外，其他醫師確實無從得知李登輝的健康狀況，無法插手。保護元首隱私卻被解讀成醫院派系獨占VIP病人。

為老師也為台大挺身而出，回嗆李登輝總統

二〇〇〇年十月，李登輝在台大醫院健康檢查時，發現心臟缺氧且部分冠狀動脈狹窄，接受冠狀動脈擴張術，此後陸續裝置多支心血管支架。此後李登輝多次公開表示，還好當時有日本醫師在場，讚揚日本醫師醫術高明，不斷提及自己「幸運地撿回一條命」。

一向安靜低調不多言的林芳郁，在一場採訪中一反常態反擊李登輝，直諫他「不懂感恩」，說李登輝的言行打擊國內醫療團隊士氣。隨後總統府辦公室主任蘇志誠還出面反唇相譏，形成了一場政壇、醫界少見的口角風波。

林芳郁會有這樣的反應，除了因為他當時是台大醫院醫療副院長，更因為台大醫院是他心中的聖殿，不容汙衊。而且事涉他的老師連文彬教授，他深知老師為了全心全意照顧李登輝及其家人，根本不敢出國或遠行，結果真心換來絕情冷語。他才挺身而出，為老師也為台大仗義直言。

這件事給林芳郁很大的教訓。作為全台灣最頂尖的醫院，照顧國家元首和許多重要或身分特殊病人的健康，是無法推卸的任務。後來他針對政治人物或其他特殊身分的病人，重訂組織團隊及ＳＯＰ流程，由過去專人單線負責改為團隊支援，且設有協調聯絡人，即視特殊人物的醫療需求變化，協調相應科別醫師等加入治療。病歷也有保管制度。協調聯絡窗口改採輪值並設代班制。

人生的因緣際會，難以逆料，甚至還是幽默的。李登輝之後轉往台北榮總就醫，沒想到二〇〇九年在林芳郁辭去衛生署長職務後沒多久，轉而接任榮總院長。李登輝持續在台北榮總就診，台北榮總也一直照顧李登輝的健康直到二〇二〇年七月，李登輝高齡九十八歲病逝，在榮總病房走完他傳奇的一生。

其實，兩人在榮總相逢後相處融洽。李登輝多次宴請榮總醫療團隊，我因陪同林芳郁得以一起出席。李登輝過世當天，有記者特意去訪問林芳郁，重提當年的風波。林芳郁不以為忤，讚佩李登輝是一個很好的總統、很好的老師、很好的病人。

開放過去只為校友及特殊病人服務的「景福門診」

林芳郁不僅善加管理VIP醫療服務，他還深受企業界大老闆的信賴。許多頂尖企業家慕名而來，向他請益。林芳郁內外科均有專精，態度客觀公正，能通透解讀各項檢查結果，做出關鍵的醫療建議。必要時，他能協調整合各方醫療資源，為患者提供最全面的治療方案，守護他們的健康。林芳郁因此廣結善緣，對醫院募集資源，大有助益。

他善用人脈廣邀各行各業的大師級或代表性人物，到台大醫院對全體同仁演講，例如企業界的三花棉業創辦人施純鎰先生、鼎泰豐創辦人楊秉彝先生等。佛教法鼓山創辦人聖嚴法師就曾在「法鼓全集」中記載道：「台大醫院院長林芳郁教授在我住院期間特別關懷，指定由副院長何弘能教授擔任協調人，結合各科主任醫師組成一個醫療團隊來照顧我，這是我非常感恩的事。因此我問林院長，怎麼讓我回報呢？他說，那就請師父給我們做一場演講吧！」聖嚴法師果然就以「身心自在」為題，為近三百位台大醫院人演說。

服務ＶＩＰ固然是必要的特殊任務，林芳郁心中，並不喜歡去專看ＶＩＰ病人的「景福門診」看診。他還是愛在台大西址那古老狹小的診間，看顧那一個個慢慢排隊的尋常病人，致力讓普通門診也能享有景福門診的待遇。他也深知貧病相依的艱苦，對醫師收紅包的文化深惡痛絕。他認為，在疾病面前，應當人人平等，這是台大醫師的天職。他於台大院長任內，對醫病文化做了柔性但堅定的改革。公開宣示並指定專人專責，徹底廢除台大醫院的紅包文化，還對全民打開過去只為校友及特殊病人服務的景福門診，讓所有的病人只要多付掛號費，都有機會看到台大名醫。

首創「倫理牆」，提醒醫師對病人一視同仁

林芳郁最在乎的是公平對待每一位病人。台大醫院曾經設有一面「倫理牆」，就是他與陳定信想對後進醫師傳講的「為醫的道德」。

二〇〇五年六月二十日，台大醫院一百一十周年慶時，東址大廳右側牆面上，掛上台大醫學院院長陳定信手書、由台大醫院院長林芳郁簽名的文章「我

們的信念」，簡樸有力的白底黑字寫著：

「為病友提供優質的醫療照護乃本院優良傳統與全體同仁的神聖職責，您前來本院就醫乃是信任我們而將生命與健康託付給我們，為忠於此一信賴，本院同仁將秉持優質臨床技能、良好醫病溝通與專業倫理實踐，致力於提供給您最適切的醫療照護，不會因為您的性別、年齡、身分、地位、種族及疾病等條件的不同而有差別待遇，在對您服務的過程中，我們將以醫療專業的態度，表達對人類生命尊嚴的尊重。

台大醫院院長林芳郁暨全體同仁敬啟

台大醫學院院長陳定信謹書

謹致於二〇〇五年院慶」

這也是台灣第一個醫院設立倫理牆，提醒醫師對病人應一視同仁，引起媒體廣泛報導。當時有台大醫師認為，「倫理牆」的宣示，形同提醒醫師不要收紅包。林芳郁受訪時也說，希望醫師能發自內心不收紅包，形成文化，並傳承給新生代醫師。至今大陸的醫療網站還將此事列為台大醫院的重要史實。

【院長談院長】

不是逢人苦譽君 亦儒亦俠亦溫文

台大醫院院長
吳明賢

在歷任的台大醫院院長中，林芳郁院長是一個不同凡響的存在。就像瑞典知名導演英格瑪・柏格曼所說的「只有準備充分的人能夠即席表演」（Only someone who is well-prepared has the opportunity to improvise），他「前無古人、後無來者」的擔任過台大醫院、台北榮總、亞東醫院三大醫學中心院長，也做過改制前的衛生署署長，而且任內均有建樹及建立風範，無論格局、胸襟和見識均卓越，是不折不扣的有器識的醫界領導，所以能勝任這些重要職位。

開啓瓣膜整形術及心律不整手術的先驅

他是台大第一代的「留沙幫」，別人留學歐美，他攜家帶眷到沙烏地阿拉伯從事醫療服務及外交，充分顯示年輕的他有面對不確定性挑戰的智慧及選擇離開舒適圈成長的勇氣。他也是開啟台大沙烏地阿拉伯醫療團擔任院長的第一人，後繼的陳明豐及何弘能兩位院長也是出自「留沙幫」。在圓滿達成任務回國後，他到法國精進心臟外科手術，是開啟瓣膜整形術及心律不整手術的先驅，也是繼洪啟仁、朱樹勳教授後，台大心臟外科的中流砥柱。

除了在自己醫療專業上的創新外，他在行政管理上初試啼聲擔任急診部主任，就引進緊急救護技術員（ＥＭＴ）制度，訓練一批具有到院前救護知識和技術的人員，從死神手中挽救無數生命，是能夠深思熟慮、果斷決策又能眼光放遠的傑出領導管理者。

不僅給事做，同時也給責任的好長官

在擔任副院長期間，有兩件事情充分顯示他有「當責」（accountability）的精神，一是敢對最高權力當局說真話，另一是奉派台大雲林分院承接總院李源德院長分身乏術兼任院長的窘境，盡心盡力，分憂解勞。他榮升院長之後，有一天把我叫到院長室，斯時我剛升等教授，他問我願不願意接任健康管理中心主任，我受寵若驚回答全力以赴，並問他對我有什麼期待。他笑笑說，有沒有辦法讓健檢的顧客像去迪士尼樂園遊玩的人一般，一去再去，原來是要我提高健檢的回客率及做好顧客關係管理，提升黏著度及忠誠度。他是一位能想出新的發展方向，讓下面的人做，為組織創造價值，不僅給事做，同時也給責任的好長官。

他崇尚老莊哲學，第一次與全院主治醫師交流即以此為主題分享他的管理理念。他慎思慎言，生活上欲望極簡，但卻是一個靈魂豐盈，具備廣博的人文素養，有學問、有見識，追求信念，且生命奮進，充分發揮人類力量與潛能的「文藝復興人」。我個人不單喜歡從名人所說的句子中尋找智慧，更熱愛從他們生命軌跡及人生目標裡面得到開悟。

為照顧失智家屬的人，帶來盼望與安慰

他與夫人林靜芸醫師鶼鰈情深，是眾人羨慕的醫界神仙眷侶，這本書除了有林芳郁院長終生為台灣醫療付出所留下的紀錄，也有林靜芸醫師照顧不幸罹患失智症患者的心路歷程。這是一本值得大家閱讀的好書，邊讀書可邊與兩位醫師做內心的對話，不僅可了解一位傑出醫界領導者對國家社會的偉大貢獻，也能為同樣照顧失智家屬的人帶來盼望和安慰。

林芳郁（右二）於台大醫院院長任內時，與扮成兔子主持活動的藝人趙自強一同為院內小朋友歡度兒童節。

台大醫院一百一十周年院慶舉辦院史展，院長林芳郁一一解說早期器材使用方式。

衛生署長始末

——迅速處理危機請辭負責，只因為「不想看到國家亂成這個樣子」

沒有背景的林芳郁在二〇〇四年出任台大醫院院長，成為最年輕的台大醫院院長。

二〇〇八年，國民黨贏得大選，馬英九即將就任總統前，三度詢問林芳郁是否願意接任衛生署長。因為林芳郁曾答應過，有需要時願意幫他，馬英九一再強調「現在就是需要的時候」。

為了屢諾，跳火坑接任衛生署長

台大醫院院長身為醫界龍頭之首，社會清望高，在醫界地位遠超過衛生署長。衛生署長不僅薪水低、事務繁重，還要經常去立法院備詢挨罵。很多人都不能理解他為何捨下別人求之不得的台大醫院院長，而願意去跳火坑，都說

「太委屈了」。

林芳郁回家問我的意見，我要他好好考慮。我的外公陳水潭正是醫師從政，作過台灣省臨時省議會第一屆議員、台中縣縣長，被視為台中縣地方派系黑派的創始者。但我的外公後來對政治很失望。

帶著崇高理想赴任，排滿超人般的行程

林芳郁的想法很單純：在台大院長任內，他看到很多醫療現象不是院長層級能解決，個人再努力也難以撼動制度問題。為了讓國家更好，有更好的衛生政策及醫療體系，唯有站上一定高度的職位，方能制定出合理長遠的法規，真正解決問題。他對我說，衛生署的工作一定比較辛苦，又不快樂，但是人不能只選快樂、簡單的工作。

這是林芳郁的另一個樸素的人生哲學，凡事要守諾盡忠，不分黨派。他總是說：「不管黑貓白貓，只要能做事的，都是好貓。」只要對方請他做的事是對社會有益的，「我也一起來幫忙，有什麼關係？」

他懷抱理想，滿腔熱忱接任衛生署長，一上任就排滿超人般的行程，馬不停蹄走訪各署立醫院，連金門都去看過。才在他幾乎跑遍所有署立醫院，打算

有所作為時，卻發生中國大陸毒奶粉製品污染事件。

為三聚氰胺風波請辭，很多人感慨他「白白被犧牲了」

那時關於三聚氰胺的檢測缺乏標準，專家認為因檢測儀器有其誤差值，以當時的技術根本無法檢驗出一定比率以下的三聚氰胺，所以衛生署打算比照香港採用的2.5ppm標準。但民眾無法接受，認為根本該零檢出。事情很快演變成政治風暴。面對危機，林芳郁迅速決定為此負責，自行請辭下台。

諷刺的是，在林芳郁下台後一周不到，他所提出的三聚氰胺容許值2.5 ppm標準，就獲歐盟等國際認可，成為世界公認的容許值。很多人感慨「林芳郁白白被犧牲了」。

如今回顧那段風波，可以清楚知道林芳郁並沒有做錯什麼事，衛生署訂的三聚氰胺標準，也沒有不對。林芳郁說過，如果他不下台負責，可能會演變成當時的行政院長劉兆玄要下台。他不想看到他的國家亂成這個樣子。

當時晚上在家裡看電視新聞，都看到三立新聞台鄭弘儀每天罵林芳郁，我看得出林芳郁很煩。我覺得，在他宣布辭職的那刻，他是真的不想做了。

坦白說，那天早晨他出門時，並沒有告訴我他的決定。我是看了新聞才知道他請辭了，我記得天光是夕陽漸落，我心情沉重地坐在診所的辦公室裡，回想這四個月的一切，我很替他難過，也很擔心。

隔天就回台大上班，病人很高興林醫師又回來了

我趕回家去，他已經在家裡了。我問他心情好不好？他抱住我說：「沒有關係，我會度過的。」他應該是蠻傷心的，因為他很少向挑戰投降，也很少敗下陣，他還是強打起精神，隔天就回台大醫院上班。他的病人很多，病人很高興林醫師又回來了。他說要回實驗室繼續做實驗。

那段時間，在台大醫院中央走廊常有人尊稱他「林署長」或「林院長」。他說，最喜歡的頭銜還是「林醫師」。

林芳郁在四個月的衛生署長任內，催生了一項重要制度，即生產事故救濟制。這是他要求石崇良繼續留在衛生署的原因。石崇良是林芳郁一路栽培的人才。林芳郁接任衛生署長時，推薦心思敏捷、極具行政才幹的石崇良去衛生署醫事司歷練。

石崇良曾對我說，他人生中只要遇到挫折，林芳郁就會出現並鼓勵他。當林芳郁因為三聚氰胺事件請辭時，石崇良也想隨他離開衛生署，但林芳郁勸勉

石崇良「要忍耐，要撐住，我們是帶著理想來的，理想還沒有實現」，才挽留住石崇良，並樂見他成為醫療行政幹才。

台灣面臨嚴重的少子化，當時發生很多接生導致的嚴重醫療糾紛，婦產科醫師面臨高額的索賠，林芳郁深知如任其發展，不但接生的婦產科醫師消失，還影響台灣出生率。他一上任就著手溝通，推動由國家承擔生產風險的制度，分娩一旦有不幸，病家可以快速獲得國家救濟，降低醫療糾紛的社會成本。也要求醫師或醫院有責任通報不幸事故，避免悲劇再發生，並找出降低風險的方法。

這個構想，因石崇良的留任及繼續推動得成以形，「鼓勵醫療機構辦理生育事故爭議試辦計畫」二〇一二年起試辦。因試辦成功，後來升格為「生產事故救濟條例」通過立法。這個不責難精神，及早關懷、事件通報、原因分析及醫療改善制度，日後更擴大成為「醫療事故預防及爭議處理法」。

【認識六十年的林芳郁】

宜蘭來建中的高手

前衛生署長
葉金川

我認識林芳郁六十年了，我們在建中高一就同班，不過建中天才一大堆，我並不熟悉他。到高三分組，大部分同學都選甲組理工，選丙組醫農很少，我和林芳郁都分發到二十三班，才認識這號我永遠無法超越的人物。

他是宜蘭子弟，與我們醫學系同學陳明豐、黃瑞雄一樣，志在台大醫學系。林芳郁成績真的好，特別是數學、化學、生物。我不服輸，有時候會跟他挑戰數學、化學問題，很難為難到他。我們是新數學課程第一屆，幾乎沒有重考生，我們同班都認為他篤定會考上台大醫學系。不過，他還是每天規規矩矩到校上課，晚上去補習班，對課外活動沒什麼參與。

大學七年，他跟林靜芸形影不離

我們都考上台大醫學系。我還記得，大一體育課一千二百公尺考試，我跑四分十五秒。我穿藍襯衫下去跑，黃瑞雄說我像一陣藍色的風。林芳郁調侃我常蹺課、遲到，他說：「你像一隻小動物，出沒不定，神出鬼沒。」

大學七年，我只記得他跟林靜芸形影不離，只有在圖書館看得到他們，而我在圖書館忙著打橋牌，哪有機會跟他講什麼話？還知道他和蔡茂堂、張天鈞、洪武雄、翁瑞亨、侯勝茂等人輪流拿書卷獎，也不留一點機會給別人。不過想想，如果不上課、爬山、打牌，還拿書卷獎，有天理嗎？

緊急醫療救護的推手

醫學系畢業後，我念公衛研究所、考高考、進衛生署，跟臨床愈走愈遠。我在醫政處處長和台北市衛生局局長任內，為了推動緊急醫療網，立了緊急醫療救護法。我拜託急診醫學會和台大急診室，訓練消防人員緊急救護能力，推動緊急救護技術員（ＥＭＴ）制度，他那時候把台大急診室的醫療地獄改善的有模有樣，還且有餘力關心院外救護制度。事實上，他就是院外救護的主要推手。

果不其然，過了幾年，林芳郁順理成章當上台大院長。我在衛生署和健保局，但也聽聞他要杜絕紅包文化，要台大醫師有人文素養、關懷弱勢。

還沒熟悉台灣畸形的政治文化，就碰到三聚氰胺事件

馬英九在二〇〇八年選上總統，要我去總統府任職副秘書長，他問我林芳郁是否可以當衛生署署長，我當然支持，林芳郁就在同年五二〇上任衛生署長。

他還沒熟悉台灣畸形的政治文化，就碰到大陸毒奶粉事件，民進黨要求零檢出，但是三聚氰胺不是劇毒，也不是食品原料、食品添加物，世衛組織及國際食品安全委員會並沒有針對它訂安全標準。

沒有政治敏感度的宋晏仁副署長提出按香港食品及衛生局定的標準，訂出2.5ppm以下為合格產品，這引起反對黨的批判。他受不了立法委員無理蠻橫的態度，提出辭呈。

我受命轉到衛生署解除危機。我宣布用比較不敏感的儀器，沒檢出就算合格；這符合零檢出的要求，其實與之前的規定是一樣的。

行政院長劉兆玄認為他冤枉了林芳郁，問是否他可以去台北榮總當院長。

我支持，退輔會高華柱主委雖然面有難色，顯然不方便當面說不，說他回去溝通看看。就這樣，林芳郁成了史上迄今唯一台大出身的榮總院長。

林芳郁在榮總如何服眾，其實我沒空了解，不過聽到回報，榮總醫師最常問：那麼這情況下，台大怎麼做？這樣的消息多讓大家放心啊！他一輩子在台大的奉獻，不需任何質疑，我肯定，歷史也會證明林芳郁對榮總的貢獻。

林芳郁與葉金川（右）從高中到醫學系都是同班同學。

【林芳郁教授的人生選擇】

挑起別人避之唯恐不及的重擔

台大醫院外科部主任 陳晉興

林芳郁教授是我的老師，也是台大醫院標竿性的人物。他對我影響很大，他當老師時，常請學生喝咖啡，教學兼鼓勵關懷我們；等到我當老師後，我也請學生喝咖啡，果然讓我受到學生諸多好評。

一再放棄別人一生夢寐以求的職務

他是修補心臟瓣膜的心臟外科權威醫師，那是難度很高的手術，他希望幫助病人免於移植或仰賴動物瓣膜，減少終生服藥與再度手術的風險。當他已是心臟外科主任，穩居外科領域巔峰時，卻因醫院需要，轉而承擔急診醫學的重責大任。

這樣的逆向選擇，和個人榮耀無關。早年經濟條件較好的病人才付得起心臟手術的醫療費，而在急診的多半是貧病交迫的窮人。我記得他曾對我說，當心臟外科醫師能救的人有限，他會去接任急診部主任，就是為了救更多的病人。

之後他擔任副院長，並出任院長，他的管理風格很井井有條，卓然有序。台大醫院創立百餘年以來，外科出身的院長屈指可數，在高天成醫師之後，近半世紀才又有了林芳郁，他的管理長才備受肯定。然而，令人意外的是，他的院長任期尚未屆滿，就毅然接受極具挑戰的職位——衛生署長。

圈外人或許難以理解這樣的決定讓圈內人有多麼訝異。以台大外科部來說，七大次專科的主任幾乎無人願意放棄主任職位。因為台大醫院的主任，幾乎等同於該領域的最高權威，備受敬重。更別提台大醫院院長，這在台灣醫界根本是可望不可及的尊崇地位。

為母校捐資成立基金會，資助年輕醫師出國深造

林芳郁院長卻放棄了，選擇踏入變數極多、壓力沉重的公職。他明知衛生署長薪資遠不及院長，且需面對立法院的質詢等壓力，仍然義無反顧。這樣的

抉擇，是出於責任與使命。但他太過正直誠信，終究不適應政治生態。當他重返醫學界，出掌台北榮總時，再度展現非凡的領導能力。至今仍有榮總的朋友對我說，林芳郁院長為榮總留下極多建樹。

林芳郁教授的人生選擇，是極其罕見且令人欽佩的。一再放棄別人一生夢寐以求的職務，選擇挑起別人避之唯恐不及的重擔，確實很了不起。

如今，他與林靜芸醫師攜手，為母校捐資成立「財團法人台北市林芳郁教授醫學教育衛生基金會」，這是繼「高天成教育學術基金會」之後，對台大外科極為珍貴且及時的助力。在全民健保體制下，急重症醫療人才流失，台大醫院雖被視為龍頭醫院，卻受制於公立醫院的預算限制，經費時常捉襟見肘，過去許多國際學術交流，常仰賴高天成基金會的支持。林芳郁教授的捐助，猶如及時雨，將特別用於資助年輕醫師赴國外進修，鼓勵更多人才投入臨床服務與學術研究，期望能為台灣外科醫學界培養更多優秀人才。

基金會的成立，使我們在敬佩林芳郁教授的成就與志業時，也深深感謝他，即便他的健康受病痛影響，依舊心繫母校，牽掛外科人才的養成及未來傳承。他不僅在頂峰時分享自己的光環，在歲月更迭中，仍繼續燃燒自己，為後人照亮前路。

出掌台北榮總及亞東醫院

——台北榮總第一個出身台大的院長，後來又接掌亞東醫院院長，創下歷任三大醫學中心院長紀錄

林芳郁卸下衛生署長職務後不久，二〇〇八年十月，退輔會有人來徵詢他，有無意願去接任台北榮民總醫院的院長。林芳郁很是驚訝。因為台大和榮總分屬教育部及退輔會體系，過往幾乎少有高層人才流動的前例；而且台大與榮總向來井水不犯河水，明顯是競爭關係。

考慮良久，林芳郁請教了三個人。一位是與林芳郁亦師亦友、當時的台大醫學院長陳定信。一位是他在心臟外科的同事虞希禹醫師，因為他的兄長是台北榮總的醫師。還有一個就是我。我們三人都不約而同贊成他去接任，認為可擴大台大的影響力。

「不管讓台大或榮總變強，對台灣都很好」

最後說動他的是陳定信院長的一席話。陳定信說，這是史無前例的安排，林芳郁如果出任榮總的院長，不管是促成兩院的競爭或合作，都是提升醫療水準，對台灣的醫療和病人福祉都是有利無弊。林芳郁決定接下這個挑戰性極大的新工作。他告訴我：「不管是讓台大變強，或者讓榮總變強，對台灣都很好。」

沒想到，迎接他的反彈比預想的更大；院長名單還沒宣布，檯面下的角力已然開始。當時台北榮總院長李良雄任期早已屆滿，多位老院長也表明反對林芳郁接榮總院長。不但刊登廣告，還有退輔會系統及軍系立委公開說，不希望台大血統染指龍頭榮民醫院，赤裸上演一場醫界地盤爭奪戰。這些動作沒有嚇到林芳郁，他在雜音中走馬上任。

在榮總堅定地推動「任期制」，身體力行

曾有北榮人嗆聲，要讓林芳郁做不滿三個月。林芳郁還自嘲道：「我希望做久一點。」林芳郁任滿六年後，主動堅持依任期制交棒。這是林芳郁對北榮的改革重點之一，還沒上任，林芳郁就下決心要落實榮總的主管任期制度。榮總有許多萬年主管久占不退，年輕人看不到未來。要在榮總升遷，得像軍人般

排資論輩；明明有任期制卻形同虛文，人才流動停滯。林芳郁堅定推動任期制，更身體力行，榮總的人才升遷從此活絡，接班梯隊於焉成形，優秀年輕世代得以嶄露頭角。

在台北榮總任內，林芳郁不組派系也不設小金庫，對部屬充分授權，還啟動榮總老舊的第三門診中心改建計畫。台灣首座重粒子設備最後落腳台北榮總，也是林芳郁花了很大功夫，才說動長榮集團創辦人張榮發先生讓出權利。

當年張榮發有意自行引進重粒子治療設備，並與日方廠商談妥，計畫將其設置長榮體系內。一度因法規問題，重粒子計畫面臨胎死腹中。林芳郁帶著同事親自向張榮發說明：重粒子治療是極高科技的醫療，不僅需要精密的技術支持，更應配合醫學中心先進的放射學、腫瘤學等協作支持，才能最大地實現精準治療，提高治癒率，減少副作用，真正造福患者。張榮發最終首肯，台北榮總就此設立我國第一座「重粒子癌症治療中心」，並在二〇二三年五月啟用。

知人善任，一生只簽過一個部屬的辭職書

為了保護我，林芳郁從不跟我談人事。但我從旁觀察，林芳郁會提拔重用有潛質的人才，善於調兵遣將，必要時也能趨吉避凶。那時的北榮年輕醫師陳

威明（現任台北榮總院長）、陳適安（曾任台中榮總院長）、開創高齡醫學新局的陳亮恭（現任台北市立關渡醫院院長）、李偉強（現任台北榮總副院長）和王必勝（曾任衛福部次長），都是他特意栽培的人。

林芳郁極罕見地對我說過，惜才愛才的他一生只簽過一個辭呈。他上任後很快就看出北榮「很窮」，連研究經費都很少，不解北榮為何從不向國科會申請研究經費。他詢問負責科研的主管，該主任回說：「我們不屑申請這個經費。」林芳郁很委婉地要求：「我們如果申請了，院內就多兩三千萬元的研究預算，對提升榮總的研究水準，有很大助益。」主任還是固執表示不屑申請。

後來林芳郁舊話重提，提醒該主任去申請國科會研究經費，該主任不但堅持己見，還回嗆說，要他申請，他就辭職，事後還真的送上辭呈。林芳郁也不動氣，把辭呈放在抽屜裡。

等到第三次開會時，林芳郁再度提醒該主任：「如果仔細想一想，我們為人主管拿不出經費來給同事做研究，是很對不起人的。我們還是該去試試申請國科會的經費。」孰料該主任還是執意不肯。三度苦勸不聽，林芳郁回到辦公室後，立刻批准辭職，更換主管。

從此以後，北榮每年能申請到數千萬元甚至上億元的研究經費，對提升北榮的醫療及學術水準，挹助甚多。北榮的學術論文自此以倍數成長，現如今在很多領域得以和台大醫院分庭抗禮。

目前，台大醫院的吳明賢院長和台北榮總的陳威明院長兩人，無論公私，皆維持深厚而暢通的互動，這樣的跨院合作，也是從林芳郁時代開始的。從前，很難得見到台大和北榮兩位院長同座，但林芳郁努力營造兩院聯誼交流。每到年底，兩院院長各率副院長等重要幹部一年一會，不醉不歸。杯斛交錯間，曾經老死不相往來的競爭對手，得以水乳交融，也給兩醫院許多合作計畫帶來破冰合作契機。

二〇一五年，林芳郁院長任期屆滿，很多人勸他留任，林芳郁不為所動，堅定捍衛任期制。當時有記者問他，為何還未屆齡卻堅持卸任？林芳郁說，六年前上任前，就與退輔會主委高華柱說定，希望北榮能建立完整的任期制，讓年輕人帶領，北榮才能提高競爭力，站上世界舞台。退輔會一度要他留任半年，林芳郁打死都不肯答應。

接任亞東醫院院長，致力提升亞東學術能力

他卸任台北榮總院長後，任亞東醫院院長多年的朱樹勳教授與遠東集團總

裁徐旭東先生，來力邀林芳郁接任亞東醫院院長。徐旭東先生是始終支持林芳郁的溫暖長輩，也是我們很佩服的企業家。這個派任，讓林芳郁成為唯一曾出掌三大醫學中心的院長。

林芳郁在亞東任內，賡續尊重朱樹勳院長為亞東構築的願景及方向。努力提升亞東醫院的學術能力，降低亞東醫院作為企業醫院的商業色彩。

卸下亞東醫院院長工作後，林芳郁曾在聯合報健康名人堂專欄中寫道：「我過去院長任內，提醒同仁，財務報表等同醫院體檢報告，是給院長參考的資料，健保體系下，有的科注定賠錢，有的科容易賺錢，這就像人體鼻子吸進氧氣，腎臟排出尿液，有入有出，人體才會健康。」「只要人體正常運作，一年健檢一次就好，不必分分秒秒計算自己有多少氧氣，更不可以因為自己的科系賺錢，就看不起別人。」

「醫療核心價值是照護及關懷，不因病人貧富及所患病症不同而有差別待遇。醫療團隊只要盡心盡力，財務是經營管理團隊該負責。讓前線醫療人員，承擔醫院虧損的責任過分沉重。」這篇文章很清楚說明，他由國家醫院院長轉任企業所屬醫院的心境，還有他對台灣醫療困境的觀察。

疫情指揮中心：亞東醫院 是新冠肺炎第一戰神

在新冠疫情嚴峻期，亞東醫院更發揮企業集團醫院的優勢，企業總部協助代為採購大量防護裝備，支持醫院營運降載，使位於新北疫情熱區的亞東醫院不但撐過院內感染，全院醫護不分科系投入防疫，一度承擔全國百分之十一的ＩＣＵ重症，住院人數占全台病人數的百分之九，更接下兩家加強版檢疫所，還承接篩檢、疫苗等服務。指揮中心公開稱讚亞東醫院為新冠肺炎第一戰神。

大半生都在國家醫院服務的林芳郁，到亞東醫院後善用私立醫學中心的組織靈活性，集結民間捐助，得以快狠準與病毒戰鬥。林芳郁在卸下院長工作前，仍不忘呼籲，應以亞東醫院在疫情時發揮的關鍵性力量為例，多讓有能力的企業以及有心的個人一起來參與醫療重責大任。

專精管理的專家朋友盧瑞彥曾總結，除了林芳郁外，台灣沒有人曾管理過三個醫學中心，尤其體制及文化差異極大；台大屬教育部，榮總屬退輔會，而亞東是私人企業。林芳郁都管理得十分出色，實在不容易，他真的很擅長處理「人」的事。

【大刀闊斧改造榮總】

勇於赴任北榮，任期屆滿一天也不戀棧

台北榮民總醫院院長

林芳郁院長是知名的心臟外科醫師、令人敬重的醫界前輩。二〇〇九年一月以台大醫院前院長、衛生署前署長之尊，受命接任台北榮民總醫院的院長，他勇於赴任，在做滿承諾的六年任期，至二〇一五年一月期滿卸任，一天也不戀棧。林院長為人謙和卻內斂耿直，到任後他曾對記者說：「我不是來榮總養老的，那不是我的個性。」雖然林院長在北榮只待六年，但他任內做了許多重要的擘畫和決策，對於北榮後來的發展影響深遠。

任內許多重要擘畫決策，對北榮未來發展影響深遠

首先，**他為了外科醫師的技術能力與未來發展**，引進達文西Si機械手臂系統，二〇〇九年十二月台北榮總啟用全亞洲第一台達文西Si系統，比台大早了兩年。這台機器現在已經除役，放在北榮第三門診展示。隨後相繼引進三套第四代Xi機型系統，廣泛應用於泌尿外科、一般外科、大腸直腸外科、心臟外科、胸腔外科、婦科及喉科，提升了手術的精確度並加速病人恢復。二〇二四年六月，台北榮總獲認證成立達文西手術觀摩中心，泌尿外科、一般外科及婦科手術品質獲認可符合國際手術觀摩中心的資格。飲水思源，要感謝林院長十五年前的遠見。

其次，**林芳郁院長大膽啓動院區空間的改造**。台北榮總的門診空間，隨著門診病人不斷增加，早已不敷使用。因存有原門診業務不能中斷的困難性，新門診大樓興建位置討論多年。林院長綜合各方案優劣分析，拍板決定新門診大樓建地，選在舊有第三門診拆除後原址興建。這個方案能讓三棟門診大樓相鄰便於整合運用。但施工前準備作業、診間搬遷工程浩大。歷經十年規畫的新門診大樓於二〇一二年完成設計，二〇一四年一月在林院長任內動工興建，二〇一七年九月完工啟用，台北榮總門診服務空間進化到嶄新的世代。

住院病房空間部分，因舊有長青樓經評估耐震能力不足，面臨停用拆除，分批更新中正樓、思源樓也需要足夠轉圜空間，住院病房嚴重不足，許多未開的核定病床屢屢申請展延。**林院長在二〇一四年八月決議，拆除護理師宿舍D棟及護理館，以興建新醫療大樓。經過多年準備規畫，新醫療大樓工程於二〇一五年一月林院長任內完成建案。**

隨後上任的張德明院長克服萬難強勢推進，並在潤泰集團尹衍樑總裁的大力協助下，在二〇一九年六月開工、二〇二二年四月新建完成，恰為台灣新冠肺炎疫情最艱困的時刻，讓台北榮總有充裕空間開設最大量的專責病房，協助政府度過危機。

新醫療大樓獲「就醫無礙標竿競賽」金獎肯定

為了保留歷史印記，新醫療大樓沿用舊有建築名稱「長青樓」，提供癌症病人住院。四百四十七個床位中，三百零四張二人床都改成健保房，減少癌症病人負擔，也讓台北榮總的住院醫療環境大幅提升，獲衛福部委託醫策會辦理的「一百一十二年就醫無礙標竿競賽」金獎肯定。

因應內視鏡檢查及手術的進展趨勢，林芳郁院長指示籌設內視鏡中心，希

望將分散於各科的內視鏡檢查，達到空間集中、設施統籌運用的目標。不僅減少重複購置的成本，很多傳統上須以外科手術治療的疾病，透過集中設置最先進設備，以發展內視鏡手術取代。

當年負責籌畫內視鏡中心的侯明志醫師，曾專程到日本東京帝大附設醫院等六家醫學中心取經，設備、動線均以國際水平規畫的，「內視鏡診斷暨治療中心」於二〇一二年一月正式成立。

林芳郁院長到任後發現，北榮的癌症放射治療雖然因為精密安排治療計畫而品質優異，但是在癌症放射治療設備上，與同儕醫院相較居於落後地位。他推動淘汰舊有加速器，以既有空間採促參ROT整建營運移轉模式，引進造價近兩億台幣的螺旋刀（TomoTherapy）於二〇一一年十二月開始營運，提供病人更多的治療選擇。

在長庚、台大、北醫、中國等國內多家醫療系統相繼申請設置質子治療設備獲准後，林院長認為北榮在癌症放射治療上已喪失競爭先機，引進更具治療效能的重粒子治療設備是唯一選擇。另方面，長榮集團張榮發總裁這時想要獨資興建重粒子治癌研究院，卻因醫療法規定必須由醫院提出申請計畫而受阻。

國內第一座「重粒子癌症治療中心」

透過放射線部張政彥主任的居中協調，林院長開啟台北榮總重粒子癌症治療中心的設置規畫案，歷經多年規畫及諸多轉折，這座斥資新台幣四十五億元、歷經四任院長的台北榮民總醫院「重粒子癌症治療中心」，於二〇二三年五月十五日正式啟用。蔡英文總統、日本重粒子之父辻井博彥等人都到場祝賀，這是我國第一座、全球第十四座，也是日本輸出海外重粒子設備中，最快開始治療病人的重粒子癌症治療中心，讓台灣癌症治療邁入新里程碑。

新設備已經治療超過三百人，其中高達百人以上是「癌王」胰臟癌，北榮「重粒子癌症治療中心」啟用後令人讚嘆的治療成果，成功吸引國際目光，**全球排名最佳的美國梅約醫學中心已經三度派專家來北榮，簽訂合作意向書。林芳郁院長當年的高瞻遠矚，完全得到印證。**

除了諸多改革創新，林院長也積極配合退輔會政策，將十二家榮民醫院逐年改隸為榮民總醫院分院，台北榮總承接其中北部及花東共七家分院，林院長率領總院各級主管前往各分院訪視及督導，協助分院快速的穩定人力及健全財務制度。

林院長在榮總擔任院長期間，威明擔任骨科部骨折創傷科主任，他常轉介他的好朋友給我手術，信任和厚愛之情，威明永銘於心。

林院長夫婦鶼鰈情深，周日清晨常一起到球場打球健身，球場有一位桿弟是林院長介紹給我換關節的病人。林院長去打球時，桿弟常拜託林院長帶一大包自種的青菜回來給我，我內心深感不安和抱歉。但這包青菜讓我對林院長敬愛之情更深更濃。

有一天，他找我說，他想提拔我出任醫學研究部主任。我鼓起勇氣告訴林院長，內科系在醫學研究方面的表現比外科系更為突出，外科系的我恐怕無法勝任這項工作，婉拒了。後來他才向我透露，他希望我從醫學研究部的一級主管逐步向上發展，未來能進入醫院的管理階層。我由衷感謝他的提攜與厚愛。

林院長在台北榮總的貢獻無法盡數，和我之間的小故事也無法細說，威明受林院長夫人林靜芸醫師之邀，為此新書做此短文，深感榮幸，也獻上我最高的敬意與最真摯的祝福。

【推動高齡醫學這一路】

如果沒有林院長，我想我做不到

台北市立關渡醫院院長
陳亮恭

二〇一〇年，我只是助理教授，正準備申請副教授升等時，意外獲邀擔任國科會學門複審委員，這份責任讓我既驚訝又忐忑。我在驚喜中接任，也在無意間得知，是林芳郁院長的推薦讓我有此機會提升研究視野。而當時的我，與他素昧平生，毫無淵源。

北榮高齡醫學中心於二〇〇六年成立，在各方支持下，仍面臨諸多挑戰。林院長任內，堅定不移支持高齡醫學，對我的提攜更是溢於言表。他為創立初期的高齡醫學中心完善制度，奠定北榮高齡醫學發展的基石，立下以理想驅動創新的準則，以實踐最優高齡照護為依歸。如果沒有林院長，我想我做不到。

林院長的堅定支持，促成宜蘭老化世代研究

長年以來，我夢想建立具有國際視野的本土世代研究，回應我的是懷疑甚或訕笑。是林院長堅定支持，促成宜蘭老化世代研究。如今，該研究享譽國際，國際學者甚至以親赴現場打卡為樂；數十篇高影響力論文發表，大幅提升亞洲高齡醫學研究水準。如果沒有林院長，我想我做不到。

我也希望創辦一份由台灣主導、具國際水準的學術期刊，不僅提供論文發表的舞台，更提升台灣的學術話語權。如同英國醫學期刊（BMJ）與美國醫學會雜誌（JAMA）不只是高影響力期刊，更代表英美醫界在重大健康議題上的主流觀點。

面對我遙不可及到近似荒唐的夢想，林院長沒有勸我走簡單的路，而是全力支持。當國際出版社撤出台灣，期刊更名重新起步，經歷經費拮据與稿源短缺的困境。歷經十餘年，《Aging Medicine and Healthcare》終於獲得影響因子，成為台灣自行創刊的成功範例。如果沒有林院長，我想我做不到。

林院長期許高齡醫學應回應國家社會脈動與產業發展，我因此開展與企業的互動。過程中的跌宕未曾澆熄理想，而「學術走出象牙塔，實質影響社會」

的理念也深深改變我的思維。

「對的事情要堅持，而堅持的關鍵是勇敢」

林院長常說他把我當弟弟，私下見面總透過擁抱表達肯定。對我的請求，他只拒絕過一次，而那次拒絕卻成為我終生受用的教誨。他提醒我，作為機構首長，他有許多方法支持我，但他的直接指示，反而減少跨部門理解彼此的機會。只有獲得理解與支持，才能共創更好的成果，這也深化我從事醫院行政管理的理念。

或許在外人眼中，高齡醫學在北榮的發展順風順水，但開創的過程中從不缺乏挑戰。我曾因難解的困境而萌生退意，提出辭呈並婉拒慰留。林院長約見我，面對低頭不語的我，他沒有長篇大論，只是握住我的手，堅定地說：「對的事情要堅持，而堅持的關鍵是勇敢。你要勇敢。」

每當面臨困難，我便想起林院長的叮囑。勇敢，使我從容面對挑戰，堅持實踐夢想。我們並非獨自走到今天，而是站在許多前輩的肩膀上努力。但如果沒有林院長，我想我們都做不到。

台大醫院建立一百一十周年院慶，設立「倫理牆」強調台大對病人的醫療照護不分地位貧富，圖為倫理牆揭幕儀式上，院長林芳郁（左）招呼來賓一起合照。

二〇〇三年聖誕節，時任台大副院長的林芳郁扮成耶誕老人，在病房分送糖果，與孩子一起同樂。

領路與開創

林芳郁接任台大醫院第十一任院長，妻子林靜芸與兒子林之晨也深感驕傲。

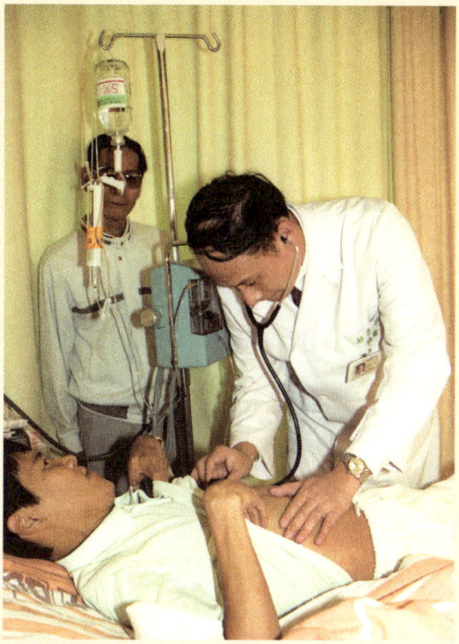

年輕的林芳郁醫師，因是台大醫院堅持不收紅包的外科醫師，受媒體報導。

林芳郁夫婦（前排中）與台大外科多位名醫故舊聚餐。

台大醫院院長林芳郁（前排站立者右）與榮總院長李良雄（前排站立者左）於記者會宣布兩院展開教學研究等多方面合作計畫。當時應該沒人會想到，日後，林芳郁會出任北榮院長。

領路與開創

林芳郁院長在退輔會主委高華柱（中）監交下，出任台北榮總院長，左為卸任院長李良雄。

圖為三位亞東醫院前後任院長朱樹勳(左三)、林芳郁(左一)、邱冠明(左二)齊聚，是十分珍貴的畫面。

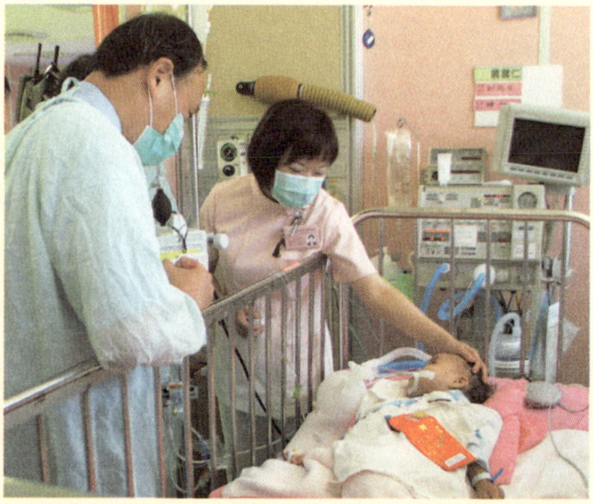

擔任衛生署長時的林芳郁，南下高雄榮總探視腸病毒重症兒童。

／輯三／

生病後的他

“

要接受一生中最仰慕的人失智了，是極心痛和艱難的。

我告訴自己：

「他已飽受苦楚，如果學問是他想忘掉的，那就讓他忘掉吧。」

「只要他平安快樂就好。」

未來改換我對林芳郁說：「不要怕，我在你身邊，我一定會保護你。」

那場可怕的跌倒

——十年前那個深夜，一個微乎其微的疏忽導致的意外，改變了我們的下半生

醫師宣告林芳郁罹患失智症的那一瞬間，我的世界彷彿塌了。這位我一生最仰慕的人，竟然在命運的捉弄下，迅速退化到需要全天候照護的地步。

有朋友建議我，向社會大眾陳述這個殘酷的事實，畢竟他曾任衛生署長及三家醫學中心院長，然而我一度完全無法接受。我只想與他遠離塵囂，隱居於平靜歲月中，讓他在我的陪伴下，度過餘生。

然而，他那句常掛在嘴邊的話語，總在我心中迴盪：「我受過的苦，我希望別人不必再受。」

是的，他一生只為國家社會著想。他應會鼓勵我，要我勇敢，要我跟大家談談，我是如何從挫折中，重新學作妻子，學作醫師，也學作一個失智症照顧者。也許，我的努力真的能給別人，帶來一點鼓舞和一點幫助。

接任亞東醫院院長，即忙於準備醫院評鑑

一切要從十年前那個深夜說起，一個微乎其微的疏忽導致的意外，改變了林芳郁與我的下半生。

卸下台北榮民總醫院的院長職務後不久，林芳郁在二〇一五年八月到亞東醫院接任院長。走馬上任，就面臨四年一次的醫院評鑑。對亞東醫院這樣規模的醫學中心，醫院評鑑是重中之重，但也是嚴苛挑戰。評鑑結果攸關醫院的聲譽和營收，所以醫院上下都戒慎緊張備戰。尤其兩年前，亞東醫院因小兒科加護病房醫師人力不符標準，傳出會影響醫院評鑑，各界都在看亞東會否真的被降級。

已在台大醫院及台北榮總擔任十年院長的林芳郁，對醫學中心醫院評鑑素有經驗，加上他很快掌握亞東醫院的醫療品質及管理文化，有相當信心。他一面安定軍心，確保同仁能正常發揮，也要求誠實表現，不能虛矯作假。

他向同仁強調，除了救命治病，醫學中心對社會還有教育責任。千萬不能像當年的小學一樣，督學來了，老師把參考書藏起來，還要小學生配合說謊騙督學沒用參考書。

他鼓勵醫院同仁，如實發揮實力，成敗由他負責。經過緊鑼密鼓的準備，評鑑前夕，所有準備會議終於開完。晚上十一點後，最後一批同仁也關燈下班了，只有林芳郁一人還留在辦公室。他打算在返家前，把明天評鑑委員會走的路線，再親自走一遍，確認流程。

半夜在醫院重摔，短暫昏迷，未就醫強忍劇痛回家

那時醫院裡的走道大半熄燈了，平時擠滿求診病人的大廳也只亮著幾盞燈，林芳郁常常半夜還在醫院巡視走動，熟門熟路。沒想到的是，為了隔天評鑑，醫院的清潔人員準備漏夜給地板打蠟，地板上各處堆鋪了地板蠟油，毫無警覺的林芳郁一腳踩在一坨蠟油上，腳底一滑登時四腳朝天，後腦、頸部和後背重重地摔在四下無人的大理石地板上。

他的後腦重擊地面和身軀著地時，想必發出不小的碰撞聲，可惜那時周邊剛好沒有半個人。倒地後，林芳郁曾陷入腦震盪後的短暫昏迷，待他睜開眼睛後，就感受到從頭到後背的劇烈疼痛，他嘗試爬起，可是劇痛、無力和麻木感讓一向健壯的他無能為力。只能躺在地上等待疼痛退去，在冰涼的地板上躺臥可能超過一個小時，疼痛慢慢緩和到可忍受時，他才慢慢爬起身。

作為這家醫院的院長，林芳郁沒有選擇走向僅有幾十公尺之遙的急診部，去檢查自己的傷勢，而是起身回家，因為明天有醫院評鑑，他得回家休息一下，不容許有任何閃失。

以上的事發過程，並非林芳郁主動告訴我的，而是在事後，我才像一個偵探般，從他的輕描淡寫，加上其他人的回憶，勉強拼湊出來的時間序列。

大腦、小腦、脊椎受重創，卻默默吃止痛藥

身為資深的外科醫師，林芳郁自己絕對沒有想到，這一摔，已經重創了他的大腦、小腦和脊椎，並留下難以挽回的創傷和破壞。

那夜我在家裡等他，比平常更晚，他都還沒有回來，直到清晨時他才到家。我也不以為忤，因為醫師的工作加上他的個性，沒把事情做好，他是不會回家的，我早習慣他的晚歸。但他隻字片語都未提及，他剛剛在醫院摔得如此嚴重。

我清晰記得，天亮後他起床時，表情不太一樣，有些不尋常的感覺。但那天他趕著去醫院應對評鑑，我也很緊張，只忙著送他出門，沒有時間多問。事後，亞東醫院評鑑順利過關，林芳郁也通過新任院長的第一個考驗。

直到兩個多月後，有一天，他的祕書打電話給我：「林醫師，院長不久前才買了五百顆止痛藥，他今天竟然說藥吃完了，又要再去買五百顆。」祕書語氣中有難掩的不安。畢竟在醫院工作的人都會敏感察覺，這樣大量服用止痛藥，絕非小問題。

我聽了心中一驚，因為林芳郁從小就是個健康寶寶，不知生病為何物。偶有病痛，他就自己開藥吃，從不告訴我這作太太的，惟恐我擔憂。

兩個多月後，才坦承「摔跤了，背有點痛」

當晚他回家後，我問起，他才不痛不癢地說，因為摔跤了，背有點痛。我繼續追問何時摔跤的，他才說是醫院評鑑的前一天深夜。在我的一再催逼之下，他才道出跌倒的過程。我後來也問了司機，司機回憶說，院長那天很晚才叫他開車送他回家，上車後也沒有提自己跌倒。但司機說，記得當時看到院長走路怪怪的，可見那一摔確實非同小可。

這就是林芳郁的個性，太能忍耐太能吃苦，是優點也是致命的缺點。直到六年後，他確診失智時，我們才驚覺，那次意外的跌倒，為未來的日子帶來了無法預見的沉重打擊。

確定診斷

——青天霹靂！被診斷為失智症，他依然談笑風生……

勉強向我坦白是跌倒導致的背痛，但林芳郁不是一個好病人，依然不肯就醫檢查，堅稱自己沒事。最後在我的堅持之下，和他的祕書幫忙，終能安排他利用中午休息時間在醫院做復健治療。那段時間，他可能為了讓我安心，每天回家都對我說，復健師的治療出色，是很勤懇有學問的年輕人云云。他總是這樣報喜不報憂。

他有些不一樣，起初被診斷為焦慮症

我還是慢慢看出來，他有些不一樣了。我母親以前總稱讚林芳郁是天生的運動選手。他很晚才開始學打高爾夫球，可是他一上場就打得很出色，很得丈母娘賞識。他跌倒後，擊球的準確度退步了，到後來甚至打不到球。我們都將其合理化，應是跌倒傷及脊椎和肌肉，影響了運動的表現。

那些年，他的性格也逐漸改變，從一個沉穩溫和且有耐心的人，變得容易焦慮和緊張。例如，表訂下午兩點要舉行的重要會議，他可能會提早一、兩個小時就到會場，有時還因別人太晚到會場而生氣。

他的焦慮也反映在作息上。林芳郁向來早起，每天五點半就起床準備去醫院。不知何故，他起床的時間愈來愈往前移，甚至提早到清晨三點半就已著裝整齊，坐在客廳等司機來接他去上班。

林芳郁自己也感受到身體的異樣，只是我們都歸咎於他太緊張、自我要求過高及過於看重工作使然。在我的說服下，他難得同意去掛號就醫，看了一位知名的神經內科醫師，那位醫師的診斷也是焦慮症。除了開些鎮靜安神的藥物外，還叮囑他要多曬太陽，但並沒有多做檢查。

離開診間時，我心中其實很狐疑也不踏實。林芳郁雖總忙著醫院事務，但沒少運動。即使球技退步了，他一周仍有兩天清晨陪我去打高爾夫球，因此已經多曬太陽、多走動。不過，既然專業醫師如此說，我們就乖乖遵行。隔天起，清晨天未亮我就起床，陪他去大安森林公園快走兩圈，然後他再去上班。

這個曬太陽兼運動的處方並未見效，他的焦慮狀況反而愈見嚴重。除了影響日常生活，他自己也深感煩惱，畢竟身為醫學中心的院長，肩負許多重要工作。

重摔的後遺症：「廣場症候群」發作，排拒陌生場合

二〇二〇年新冠疫情爆發後，林芳郁每天早出晚歸，埋頭在醫院對抗疫情。幸而疫情期間，人際往來大減，醫院裡的人事物都是他熟稔的，頭兩年也就順利度過。

但是到了二〇二一年中，他出現新的困擾。尤其當時亞東醫院作為非常重要的後送醫院，既要協助大型群聚感染的大量篩檢，還要收治其它醫院不肯接手的重症病人。當時亞東醫院是新北市唯一的醫學中心，自然成為雙北市長最常緊急求援的醫院之一。

林芳郁大半生作為公眾人物，對各式大小場面可說是司空見慣，沒想到這段時間，他開始排拒出席一些陌生的場合，如果勉強前去，他就顯得很焦慮，很想趕快離開。一波又一波的疫情，令醫院抗疫工作愈發沉重，我十分擔心會否加重林芳郁的身心壓力。

這時我們再去求教另一位醫師。那位醫師的診斷，是林芳郁多年前那場嚴重摔傷留下的後遺症，引發「廣場症候群」，才使得他去到生疏的地方就心生

恐慌。

「廣場症候群」（agoraphobia）是由英文字面翻譯而來，它是一種恐慌症，過去西方社會一些罹患恐慌症的患者，常在廣場人群中發作，所以才以「廣場」命名。患者會在特定情境下恐慌發作，有想逃離現場的焦慮感，造成患者不敢去這些地方，勉強前去會感到很大壓力，嚴重甚至無法出門。

醫師開處了抗焦慮的藥物，要林芳郁服用。作為醫師，我們兩人都瞭解「廣場症候群」的診斷，意謂他的身心壓力都已超過負荷，當下最重要的是，應該好好休息。回家後我們商量，除了健康考量，疫情尚處於高峰，醫院任務龐雜繁重，再加上他六年的院長任期將屆，他果敢決定，是時候該退休了。所以二〇二一年七月底，他把亞東院長一職，交給在疫情時期表現非常出色的邱冠明醫師。

那樣冷靜地安慰我，只是為了不要我擔心

退休後，林芳郁終於有時間，來面對糾纏他良久的焦慮問題。我們女婿的父親是一位知名的精神科醫師，我們利用親家聚會，先去他的門診請教。他為林芳郁做了詳細檢查後，對我們說：「應該是失智症。」

失智症？聽到這個青天霹靂消息，我好似沒聽懂，甚至不知該如何反應，我完全沒有表情，林芳郁倒是很鎮定。那晚，親家醫師請我們吃飯，他依然談笑風生。

回到家，終於只剩我們兩人獨處時，是我先開的口，我問他說：「你會100減7嗎？」林芳郁馬上意會，我問的是臨床診斷失智症常用的系列減7法，就是請病人從100開始減7變93，再從93減7變86，之後繼續減7……，醫師可以透過病人能否記得數字並完成計算，來初步判斷病人有無失智可能。林芳郁答得飛快：100減7等於93，93減7等於86，86減7等於79……，全部都正確無誤。**其實我知道，他心底應該跟我一樣震驚和恐懼，但他是那樣冷靜地安慰我，只是為了不要我擔心。**

他真的失智了

——病情急轉直下，甚至沒日沒夜地在外遊走

我不由地想起那場嚴重的摔傷。很多研究顯示，重度的創傷性腦損傷，特別是導致昏迷的頭部損傷，可能與認知功能衰退有關。失智症主要風險因素包括年齡、心血管疾病、基因遺傳、家族史等，而頭部外傷也是風險因素之一。

事實上，他那段時間除了焦慮和話語變少之外，我仔細觀察他，並沒有明顯的退化。例如，他依然開車開得很好，只是我不再上車就睡覺，而是在旁注意他的開車安全。有一天，去打球常走的路封起來了，必須改道繞行。等到下次再去打球，還遠遠未到封路之處，他就先繞道開另條路，順利抵達球場。我看了忍不住自問，有這樣的記性和應變能力，他真的有失智嗎？

當時我心理上，是排拒接受他失智的診斷，但在行動上，我還是採取相應的對策。他退休後，我就著手認真安排他的日課表。

我看診，他讀書寫習作

在我的看診日，他會陪我到診所。我在診間看診，他在旁邊的辦公室讀書、做功課。他原就是嗜讀書的人，但為了增強他的認知功能，我還給他指定課業。其中包括國小六年級的各科習作本，國語數學自然社會等等，全都買來，讓他在讀書之餘還能寫功課，以活絡腦部認知功能。我研讀的資料顯示，大腦認知功能要常常操練，但不必做很難的題目，「手腦並用」和「持續練習」加上「有興趣」，才是重點。

他喜歡手不釋卷，也喜歡跟我在一起，這時更升級到很黏我，所以對這樣的日課表，他安之若素。他每天都跟我去診所上班，我也能兼顧診所醫療工作。我看診時，他在辦公室讀書寫功課，我有空檔時就去看看他。中午一起在診所用餐，下診後兩人一起回家。那是一段難得的恬淡小日子。

好景不常，幾個月後，他的病情突然急轉直下。當時疫情一度比較緩和，開始有老朋友要聚餐慶祝林芳郁退休，所以餐會飯局變多了。那時我察覺到他的明顯變化，每逢聚餐，他就很緊張，頻頻起身去上廁所。

突然不吃不喝不肯下床

有次在連續三晚的餐會之後，隔天早上，他沒有如平日般起床，而是固執地不肯下床，躺在床上不吃不喝，任憑我和家人怎樣催逼，他都不肯離開床鋪。看他這樣不吃不喝不講道理，我氣得怒火中燒，恨不得手上有鞭子，可以把他嚇起床。

我轉念想，會否他在對我生氣？我只好去搬救兵，打電話請他姊姊來相勸，但姊姊苦勸半天，還是沒用。只好再請與他感情深篤的弟弟來看他，但他依然不為所動，執意躺床不起。就這樣僵持了一天一夜，到了第二天早晨，我必須去看診，只好請家人留守關照他。

沒想到，下午兩點，家人急如星火打電話到診所來說，林芳郁跑出門了，不知去向。我們全員出動去找他，始終找不到人，直到凌晨兩點，他才自己回家。

從那天起，我們開始不停地在尋找他。他除了會突然離家，也會在一起外出散步時，我一轉身就失去他的蹤影，常為找他找得氣急敗壞。**在我們為他佩戴具有精確的ＧＰＳ定位系統的手錶後，進入另一個階段。**

漫無目的繞行大安森林公園十三圈

自此，我成了他的忠實跟蹤者，他只要一離開我的視線，我立刻可以從手機上的定位，很快找到他，然後寸步不離跟著他依然高大的背影，不敢稍有懈怠地尾隨他。他領著我，成為台北街頭兩個不知疲憊的苦行者。

短程的，他可以從大安森林公園，走到富陽公園，距離約三公里。他也可以從大安森林公園走到圓山花博公園，距離約五公里。長程的，有一個晚上，我們去一個飯局後，到家時他過家門不入，繼續往前走，一直走到板橋，然後再折返我們家，從晚上八點多走到凌晨四點，才終於抵達家門。這一趟應該超過十五公里。

他穿街走巷地在台北街道上遊走，多半是我尾隨在後或陪伴在側。但有一次，他不知為何鐵了心，埋頭繞行大安森林公園，頑固地走了一圈又一圈，完全沒有停歇的意思。後來我體力不支，只得打電話喚來女兒接棒陪走，等到女兒也腿力用盡後，改叫孫子來陪……那次的全家接力陪走，總共繞行大安森林公園十三圈。總距離超過三十公里。

他這樣無日無夜地遊走，持續了很長一段時間，我們雖然慶幸他腳勁了得，但家人體力扛不住了，也很擔心他走失或跌倒受傷。我們費了很大的功夫，再次帶他看診請教醫師，醫師判斷他的遊走是一種譫妄表現。

失智者在病程中可能會出現譫妄（delirium），是一種急性精神狀態的變化。不同病人譫妄表現很不一致，有的是意識模糊、注意力不集中、定向力喪失、思維混亂，有的認知功能急劇變化，有的則會遊走，甚至不分晝夜。

失智者發生譫妄時，可能更加困惑和不安，行動更加無序，導致出現遊走，容易再因而迷路或受傷。

出現譫妄，住進精神科病房那五天

這樣的急性精神狀態，醫師建議應住院治療，他住進曾擔任院長的一家醫學中心精神科急性病房。為了安定他的情緒及照顧他，我陪他在精神病房裡住了五天。住院期間，醫師開處「思樂康」藥物給他，這種常用的精神神經安定藥物，一般人只要吃一顆就會睡著，醫師要求林芳郁一次吃五顆，一天四回共二十顆。醫師說，這是治療譫妄急性期的必要用藥劑量。

五天之後，醫師認為，林芳郁需要繼續住院。但這五天，他只要醒著，就會站在嚴嚴上鎖的病房門前，直挺挺地站著，無聲地表達他多想離開病房。我非常心疼，而且評估這樣子下去不行，於是辦理自動出院，帶他回家。

也似乎直到那一刻，我才終於肯接受這個現實：他是真的是失智了。

之前，就如同我兒子批評我的，說我有一個缺點，就是太相信「人定勝天」。所以我才會不肯放棄，希望維持或重拾他原本滿滿都是學問的腦力；才會希望他做完小學六年級的習作後，還要再進步晉級做國中一年級的習作。

我兒子的主張是，只要林芳郁肯做肯練習，就對認知功能有幫助，即使幼稚園的習作也無妨。我想，我們的兒子是用另一種方式，要我接受他已然看到，他的父親正在不可逆地逐日退化了。

發病初期，除了運動，林芳郁早上會邊讀邊抄寫想看的書籍，下午則做林靜芸買來的國小習作。

不肯回家的男人

——我總覺得，在他默默一步一步向前走的行動裡，有他難以言說的執拗

出院返家，我們也帶回一堆藥物。有的是用來延緩失智，有的減少失智症狀。我認真遵照醫囑，給我先生服藥一段時間。他生病前不需任何精神科藥物，出院時醫師給的藥副作用大於正作用。我經過長時間的觀察及思考，慢慢把所有跟失智相關的藥物停掉，只留下高血壓用藥。停藥最關鍵的原因是，他一度腎功能變得很差，我想應與服用太多藥物有關。

行為療法，我這樣照顧我的先生

我讀了很多失智資料，並研究相關藥物，得到的心得是：有些失智狀況確實需要用藥，不過相關藥物研究都有個但書，就是「行為醫學的介入對失智者

來說，往往比藥物治療更重要」。

以行為醫學的介入照顧失智者，最大的優點是能減少藥物的副作用，如嗜睡、影響行動導致跌倒或藥物依賴等。行為醫學對失智症狀，包括認知功能衰退、情緒波動、睡眠障礙、焦慮與遊走等，偏向主張調整環境、安排日常活動、給予認知訓練和情緒支持等。強調依失智者個別需求，提供合宜的照護，反而有機會將病人和家人的生活品質維持得更好。我決定改從生活安排和照護的手法上，來因應我先生的症狀。

不過，畢竟我是醫師，對藥物有基礎知識和經驗，也有能力觀察和掌握我先生的病情變化。讀者家中的失智者是否該停藥，我仍建議，照顧者必須先跟醫師討論。

要我接受我一生中最仰慕的人失智了，極心痛也極艱難。那時很多人跟我說：「他真的生病了！」我很久都拒絕相信。

出門回到家，怎麼都不肯進門

但當我下決心面對現實時，我告訴自己：「他已經受過很多苦了，如果學問是他想忘掉的，那就忘掉吧。只要他能平安生活，過快樂的日子就好。」

但這麼看似卑微的期望，包括「回家」，一度變成最困難的挑戰。有段時間他怎麼都不肯進家門，甚至老遠看到家門就不肯走進巷子。最後，我憑藉對林芳郁的瞭解，加上耐心，重新設計家門口，終於讓這個不肯回家的男人，迷途知返。

我婆婆過世前，很擔心日後沒人肯好好「拜公媽」（拜祖先牌位），基於對我們夫妻的信任，把林家的公媽牌位安放在我家。沒想到，在多年後，林家列祖列宗們果然幫了我大忙。

就像很多慎終追遠的人，林芳郁一直很看重母親託付給他的林家「公媽」，雖然它只是一個極簡風的木製牌位。

有公媽牌位的家門口，還貼著我倆的合照

在他頑固地在外風雨無阻四處苦行、堅拒回家的日子，為了改變他的路徑機轉，我只好請出林家列祖列宗相助。我把公媽牌位移駕到我家大門口，然後在一旁張貼了我與林芳郁的大幅合照。如此一來，只要我們行經家門，稍微探頭，他就能看到林家公媽牌位，還有我們倆的大張合照。我盼望兩者相加，散發出的濃濃家族氣息，能喚回這個老遊子的心。

沒想到，這招竟然奏效。他看到這兩樣物件，真的乖順地隨我踏進家門。他要踏遍台北，尋找不知名歸處的迴路，終告中止。

雖說「遊走」原就是失智者常見的行為，但我總覺得，在他無聲一步一步向前走的行動裡，有他難以言說的執拗。病情比較穩定後，我嘗試著詢問他，他為何堅持要繞行大安森林公園十三圈，才肯罷休？後來我似乎能理解，那是他的一種拚搏，他想靠著拚命向前走，讓自己不要退化。

林芳郁本來並不愛走路。在他生病之初，為了增強他運動的動機，我經常灌輸他：人和動物一樣，應該常常奔馳在日光之下，才能蓄電充滿能量。加上我常押著他出門運動，可能因此使得不愛運動的他，變成這樣固著且異於尋常地投入走路。我想在他的心底，是想要靠自己找到恢復的出路。

他不肯回家的那段時間，我揣想著，他會否跟其他失智者一樣，是想要回去兒時的故鄉？所以問他想回羅東嗎？他說，不要，他要回他的家。我又猜想，會不會他視覺所見的，已與意識中的空間不符，所以不認得家門？為了證實猜想，我才試著將我倆合照貼在門口。他看到照片中有他有我，一旁又有家族意象濃厚的祖先牌位，果真願意回轉家門，安然返家。

觀察失智者的心思和行為，尋找「開關」

這套公媽牌位併同夫妻合照的作法，不一定適用於其他會遊走的失智者。但我想，這也許是個例證。照顧者可以透過觀察失智者的心思和行為，找到一個獨特的開關或路徑，重新設計日常生活小細節，來化解失智者難以言說但讓人困擾的行為。就像有的家庭會以假鈔，來應付很愛藏錢但馬上忘記藏在哪裡的失智者。

林芳郁生病後很黏我，原本忙於醫療工作的我，也把陪他列為最重要的事，堅定要跟他在一起。陪伴他時，我想方設法，逗他開心。我會湊近他的臉，跟他說：「我要吃你的眼睛，我要吃你的鼻子，我還要吃你的嘴巴……」這樣親膩的互動，總能讓他咯咯笑出聲。

我這樣陪他玩，有我的私心，我希望他能一直記得我。有一位台大醫師朋友告訴我，他失智的爸爸會問外傭：「那坐在我們旁邊的女人是誰呀？」那女人不是別人，正是失智老爸的太太啊。

我只要他快樂、認得我，愈久愈好

嚴重的摔傷使林芳郁失智病程進展得非常快。但如果有人指著我問他：「她是什麼人？」他至今仍能無誤地以台語回答：「伊是靜芸呀」。

有一位失智症權威專家勸我，失智者腦功能將全面退化，最後能保留的記憶極其有限。我告訴自己，我只要林芳郁記得兩件事：一是記得他自己是快樂的，二是他要認得我，愈久愈好。我依此方針來安排他的日常生活，讓他快樂過每一天，並繼續活化他的認知功能。

如今只要他醒著，我會調動可以幫忙的人力，務必確保同時有兩個人陪伴他，看顧他的安全，以避免跌倒或走失等意外。譬如每天早上，外籍看護會和另一位陪伴者「旅長」陪著林芳郁，一起去爬山，讓他曬太陽及多走路。這樣的安排，也是努力復刻他過去十六年當院長的日常：每天早上坐車去上班，只是，上班地點由醫院改成台北附近的山林步道。

需要同時有兩個人照顧林芳郁的主因，是他的空間感似乎被剝奪了，走路時而前進時而後退，很容易跌倒。加上他人高馬大，非得要有兩個人協助攙扶，才能確保安全。

不要勉強他做任何事，改為誘導

其次，我請照顧他的人記得最重要的原則：不要強制他做任何事。例如，希望他去上廁所，但如果他不想去，那就算了，不要勉強，等一段時間後再問他。**我們採用這類行為療法：不勉強不催逼，改為誘導和等待合適的時機，重新設計生活節奏。**

用藥減少之後，林芳郁的腎功能改善了，難以控制的行為也減少了，還能每日爬山運動。每周兒子和女兒回來陪我們吃飯，有時也出門用餐。每兩三個月我們在外籍看護等人的陪同下，一起出國或就近到離島如澎湖「偽出國」。**我們很享受這樣簡單安穩的生活。**

也許有人會說，我們經濟條件好，加上子女事業有成，才有能力負擔這樣的照顧模式，我不能否認。我看過一個調查：一個有精神症狀的失智者，有時需要三、四個人才足以應付，單靠一個人真的不容易。我也不是主張失智者都應留在家裡，還是要依病人和照顧者情形，做不同的照護決策。

我們夫妻都是醫師，我年過七十仍在執業看診，收入在社會上確實排在中上。我們自年輕起勤儉過活，有些存款。現在，我把一生的積蓄用來照顧林芳郁和自己。**這是我想提醒讀者的，進入高齡化社會，須預為綢繆的財務準備。**

外籍看護會和陪伴者「旅長」陪著林芳郁一起爬山，曬太陽多走路，由去醫院改成台北附近的山林步道，復刻他過去十六年來當院長上班的日常。

不怕，我在你身邊

——我懂，你出現的一些不理性的行為，是對當下環境產生疑惑和恐懼

依我照顧林芳郁的經驗，我們與其惋惜失智者流失的腦力，更該看重他們還保留的能力，並用最大的耐心去體諒。他們的不理性行為，可能源自我們不懂他們的思緒和感情處在什麼境況。

年輕時林芳郁是個極有文采的文青，文字帶有感情，他曾受邀幫別人寫訃聞，寫得深刻動人。我看了後忍不住跟他預約，希望未來他可以替我寫訃聞。如今他的語文能力已然流失，已經不太會表述名詞。幸好，他的形容詞仍很完整地保留，成為我們照顧他很重要的溝通媒介。

比方說，我問他：「我們要不要去上廁所？」他回答我：「不容易」。那我就懂他的意思，現在還不是時候。例如他在如廁，我問他：「上完沒有？」

他會回我：「應該還沒有」。那我就知道，要再等他一會兒。對於照顧者而言，失智者還能清晰表述他的感覺，實在是非常寶貴的訊息回應呀。

替失智者洗澡非常困難，我也曾經滿身傷

回想那段被醫師診斷為譫妄的時期，林芳郁除了鎮日遊走，還出現難以理解的暴力動作。很多照顧者常覺得，替失智者洗澡是最困難的照顧任務，常飽受老拳攻擊和強力抵抗，我也是。替他洗個澡，我就全身是傷，臉上受傷，手上受傷，脖子也受傷，成了十足的受暴婦女。多半的場景是洗澡洗到一半，他突然好像不認識我般，把我用力推開，我因此跌坐撞牆撞地板，撞得全身是傷。當時的狼狽和身心承受的傷痛，恐怕只有曾身歷其境的照顧者方能體會。

在此處境，說不傷心是騙人的。但外科醫師的訓練，讓我很快冷靜下來。**其實，如果仔細觀察，會發現他們不是想打照顧者，而是他們對當下環境產生疑惑和恐懼，甚至不知道正在發生什麼事，不懂為何有人堅持要脫光他的衣服，他自然會反擊以自衛**。

這就像在手術房開刀，有的病人麻醉後躺在開刀檯上，卻明顯躁動，不僅頭臉亂轉，手腳還像逃命般不停掙扎。這時醫師如執意繼續開刀，病人就會更

激烈反抗。比較好的方法是，堅定但溫和地安慰病人：「你不要害怕，我是林醫師，我現在要替你手術。」「我是林醫師，請安心，我一定會照顧你的。」病人多能慢慢平靜下來。

依順他、安撫他「我一定會保護你，不要怕」

所以當林芳郁出現暴力動作時，我就重複一些對他有鎮定效果的話語：「你沒事的，你現在生病了，有我在你旁邊，不管什麼事，我都幫你解決，你不用怕。」「你以前不是常常說，我很厲害嗎？我一定能保護你，不怕。」

我的心得是，當失智者出現失控行為甚至對照顧者暴力相向時，我們可以依專家建議，先轉移他的注意力、先依順他的心意，但我們更必須盡力跟他們傳達，我們將保護他、照顧他。他們接收到我們的感情和愛心，會慢慢配合我們的照顧。

近來我看了一本書「從心認識我」（瑞智基金會出版），書中有很多感人的失智家庭故事，各個家庭情節互異，但都講述同一個道理，亦即照顧者應當努力向失智者傳達一個重要信念：「你生病了所以你很恐慌害怕。可是請相信，我們都愛你，我們一起努力來面對所有的事。」

我自己很喜歡神經內科陳乃菁醫師寫的一篇文章，談如何化解失智者的一些「問題行為」。比方說失智者常會莫名其妙玩起排泄物來，其實他們可能不知道那是排泄物，或是失去處理排泄物的能力所致。

陳醫師在文章末尾寫道：「我們要倚靠對患者當下身處的情境和思考方式的了解，才能提出適切的照顧方式減少問題行為的發生。**照顧失智者沒有一套劇本走天下的方法，只能且戰且走、臨機應變。**」

躁動不安的時期，慢慢哄他穿衣服

我覺得陳醫師寫得非常中肯。我後來就是奉行這個原則，來應對林芳郁一些看似有問題的行為，也多證明有效。比如，在林芳郁最躁動不安的時期，連替他穿脫衣服都像是不可能的任務，他的反抗動作有時升級到彷彿在攻擊陌生人，大力抓我們的脖子、用力踢我們。

後來，我學會在替他穿衣服之前，先以溫柔的聲音不斷地跟他說：「我們來穿衣服好不好呀？」「你來幫我的忙，好不好呀？」「你知道，我就是最笨手笨腳，最不行了，可不可以請你幫忙呢？」邊說邊觀察情勢，如果情況合適，就能順利引導，邊講話邊完成穿衣任務。

我朋友曾抱怨說，她的失智媽媽堅持自己洗澡，卻把牙膏當作洗髮精抹在頭髮上，還會在長褲外面穿兩件內褲，氣死人了。我安慰她，失智者每次做錯事，都是他們最後一次的努力，因為那意味他們又失去這個能力：無法再自己洗澡、自己穿衣服了。

失智者不是故意要惹我們生氣

他們是在做最後的努力，想挽留住那個能力，我們應該很敬佩他們，而不是誤認他們在跟我們作對、故意惹我們生氣。以這樣的心情看待失智者，照顧者將生出許多疼惜和憐憫，就不會生氣了。

現在，我常在一旁仔細地觀察林芳郁，忍不住想著，這是人生多難得的際遇，讓我重新認識他，這個對我最重要的人。

他一生忙於工作，從沒有時間看連續劇，如今他愛上連續劇，可以安安靜靜看上許久。我猜想，他有興趣的不是劇情，而是人影與光影的晃動轉變很吸引他。這是以前天天忙著國家大事和醫院大事的他，從來沒有時間奢侈享受的尋常樂趣。而今我終於可以陪著他，跟其他老夫老妻一樣，在家無牽無掛地看電視了。

回給林同學的一封信

——我是你「吾愛吾友」作文裡，那個非常陽光的女生

親愛的林同學：

你記得我們國文課潘美月老師吧？大一下學期春假過後，她把我叫去辦公室問我：「妳知道不知道，你們班上有一個人喜歡妳？」

然後潘老師把你的作文本遞給我。潘老師出的春假作業作文題目是「吾愛吾〇」，讓大家自由發揮，你寫的題目是「吾愛吾友」。你寫道，和你學號相鄰坐在隔壁的同學，是個非常陽光的女生，總是耐心關懷你，你很喜歡她。看了你那篇作文後，逐漸地，我們成了男女朋友，最後結褵成為夫妻。五十年過去了，你現在被叫「阿公」，我也成了「阿嬤」。

心心念念你寫給我的第一封情書

你那篇作文一直清晰地印在我的心裡，它猶如你寫給我的第一封情書，我卻始終沒有回信。我心心念念，哪天該給你回信，今天我終於寫了。

似乎一直到你生病之後，我才明白，當時你為什麼會追求我，以及我到底該作一個什麼樣的妻子。

我們兩人約會時，不知你為何老是跟我說你兒時調皮的故事。你常說，有一個表妹叫阿娟，非常「恰北北」，除了你之外，所有的堂表兄弟姊妹沒有不怕她的。但阿娟只要惹惱你，你就追著她打，唯有你治得了她。

當時我沒太在意你這段兒時故事。即使我第一次到宜蘭見你母親時，她也慎重其事地對我說：「芳郁脾氣非常不好，我很怕你會受不了他。」我還是沒把她的話當真。尤其結婚以後，你一直都是最疼我的人，我不曾見過你壞脾氣的模樣，直到，你生病了。

我罵你是外星人，你氣得追著我滿客廳跑

你生病後，彷彿變成另一個人。剛開始我難以接受，我會念你罵你說：「你一定是外星人，來占據我先生的身軀，不然我先生怎麼可能變成這個樣

子？」我不只罵你，還拜託你，求你好好地做你自己，不要變成另一個人。你氣得大發雷霆，追著我滿客廳跑，我被你打得滿身是傷。

醫師說你只是做回你自己

又痛又傷心的我問醫師，為什麼我先生會變成這樣？醫師跟我說，他就是做回他自己。那一刻，往事才在我腦中湧現。原來早在交往之初，你就藉著阿娟的故事多次示警，你的脾氣很不好。只是這麼多年來，你一直壓抑本性、按捺怒氣，努力做一個好醫師、好父親和溫柔的好丈夫。是的，幸好上帝給你這個機會，終於不必再掩飾壓抑情緒，讓你能夠再一次表現真性情。

我想盡方法要好好照顧你。有一次我想，送你去「上學」，也就是日照中心，或許會有幫助。由外籍看護阿迪和平時陪你運動的「旅長」陪你去了，第一天就鎩羽而歸。他們說，日照中心的老師要你拿水桶澆花，沒想到你抬起水桶，直接把水澆在老師頭上。滿身溼漉漉的老師還好聲好氣耐心說，這水是澆花用的。你索性放下水桶，開始追著老師滿教室跑，追打老師。

慢慢地我明白，你選擇我當你的妻子，是再正確不過的決定。因為被你深情守護一輩子的我，會知道如何學著你對我的包容，學著你把深沉的愛意化為行動，無怨無悔地照顧你。

那段晦暗時期，我告訴自己，壞脾氣才是他的本性。但我相信，他受過良好教育，現在本性壓過學養，假以時日，他會慢慢改回來的。

你現在能自己吃飯、連講十二個字、偷偷親我

近半年總算見到曙光，我們在你身上看到奇妙的作為，得以見證許多上帝才能創造的奇蹟。

有好長一段時間，除非有人扶你，否則你絕對不肯行動；甚至有人扶你時，你依然動也不動。但近半年來，你又能自己站起來，也能自己走去想去的地方。也會自己拿筷子，也會自己吃飯。說話愈來愈有意義。你的話語從一句兩個字，如今已進步到一句七個字，甚至十二個字，一天一天在進步。

今早我要出門去診所上班時，我跟你說：「爸比，我要去上班了，好不好呀？」你搖搖頭，但又朝著我點點頭，然後你說：「趕快！」我讀懂你的意思：「搖頭」是你捨不得我去上班，「點頭」是叫我去上班，「趕快」是要我下診後趕快回家來。說完話後，你看一眼站在一旁準備陪你出門運動的旅長，然後你攬過我的頭，偷偷親吻我一下。

知道你會慢慢地恢復，重新抱緊我

林同學，五十年前，你曾經很勇敢地告訴我，你愛我。五十年之後，我想要回應你：「我愛你」，而且我會永遠照顧你。你的症狀大部分是源於腦部創傷帶來的恐慌。不要害怕，我會在這裡。我知道你正在慢慢好起來。現在你能講十二個字，但我相信，接下來你應該可以講二十四個字，甚至三十六個字。不論什麼時候，也不管你究竟還能講幾個字，我都會慢慢等你。

兒子小時候曾說要當畫家，我很反對，怕他養不活自己。你卻很認真地對他說：「你長大後就算要去撿垃圾，我也不會反對。但是如果去撿垃圾，就要做世界上最棒的撿垃圾的人。」

你生病後，很多人對我說，這是一個不會好的病，要我接受這個疾病必然的歷程，連你的妹妹都說這病又叫「Long Good-bye」（漫長的告別）。但我都不接受。在我心目中，你依然是那個強人，即使變成病人，你一定也會做世界第一的病人。

親愛的林同學，我知道有一天，你會慢慢恢復，帶著你的笑容，朝我走過來，重新抱緊我，我期待著那一天的到來。

輯三——07

我該如何照顧你

——如今我已很難詢問他的想法，只好將他常說的話、他一生遵循的處事原則，當作照顧他的指引

很遺憾，我錯失機會好好問問我先生，會希望我如何照顧他。如今我只能回想，並依循他過去常對我說的話，當作照顧他的原則和心法。

我和林芳郁無話不談，他最常講的往事，就是阿公的死。林芳郁的父親是宜蘭第一位外科醫師，是羅東有名望的開業醫師。阿公是家族族長，他七十歲時有天肚子痛得厲害，林芳郁父親診斷應是腸阻塞，決定親自為老父開刀，為慎重起見，還請來當時省立宜蘭醫院的一位名醫在父親自家診所一起動手術。

結果是一種急症「腸套疊」，幸而及時手術救治。兩位醫師合力把腸子打開歸位後，老人家也就好了。沒想到半年後又復發腸阻塞，林芳郁的父親趕緊再把名醫請來。只是這次打開腹部後，卻發現腹腔中滿布癌細胞。林芳郁的父

親不肯放棄，在手術中又千方百計請來一位大學教授會診。大教授一看就搖頭，診斷是大腸癌轉移擴散，在當年這已是回天乏術了，但家人仍不放棄。

阿公病逝，讓他明白「醫療有其極限」

當時才讀小學三年級的林芳郁，見證家族如何竭盡全力救治阿公，只是仍以失敗告終。阿公臥床後逐漸衰弱，不久後難敵病魔離開人世。

他記得，阿公彌留時說：「我看到你阿嬤來接我了。」他每次講這往事，總感慨說：「當上帝決定要帶一個人走的時候，找再多的人幫忙，都是沒用的。」這件往事深深烙印在他心中，讓他見識死亡，知道醫療是有極限的。

林芳郁的身體一向強健，在我心中，他是不會生病的人，會生病的人是我。我自幼大小毛病不斷，有些還挺麻煩的，如心臟瓣膜閉鎖不全。還有蛋白尿、肺部纖維化，背部更因坐骨神經宿疾天天都在痛。

我們兩人同齡，我常跟林芳郁說，我可能會因心臟或腎臟疾病，先他一步而去。他每次都堅定地說：「我一定找醫師救妳，我絕對不讓妳死在我的手上。假如是心臟問題，我自己替妳開刀。」每次聽他如此說，我都嚇得要死，直搖頭拒絕說：「我不要，你千萬不要幫我開心臟。」他也總一臉固執回應：

「不行！我不會讓妳死的，我會想盡辦法，我自己能做的，我自己做，不能做的，我會去找人來幫忙，我一定會救妳的。」

行醫不眠不休，千方百計要把病人救回來

身為他的太太，我知道他是如何拚命救人的。雖然阿公的死讓他明白醫療有其極限，但在臨床上，他依然是打死不肯放棄的外科醫師。有的病人在置換心臟瓣膜後發生感染，或是心臟手術後出血，這樣的病人常需要反覆手術，病況危急，命懸一線。他總不眠不休，千方百計要把病人救回來，而且真的大多能搶救回來，他的病人死亡率一直很低。

老實講，我非常信任他絕對能救我活命，但我害怕，當年心臟瓣膜手術是傷口很大的開胸手術，要用電鋸把胸骨切開。雖是外科醫師，我還是嚇得求我先生，千萬別幫我鋸胸骨開心臟。

在他的保證及呵護下，我總認定，最終必然是他照顧我終老的。但我忽略了一個重要的變數，就是，女人多半會比同齡的男人長壽。

他生病後第一次倒下，是在躁症時不停遊走，接著重鬱躺在床上不吃不喝。之後發生譫妄，我跟著他住進精神病房。出院後，他講話變得不清楚，很

多動作也不會了。家中的頂梁柱突然傾斜了，全家陷入混亂。我強自鎮定，不斷安慰自己，不要怕，他一定能恢復的。

但有時心中出現一個聲音說，他應該不會想要這樣子活著；另一個聲音則說，沒有關係，我們就好好治療，如果真的不行，再來想想有什麼「方法」，我們可以不痛苦地一起走……。其間的恐懼、無助和想不開，若非親身經歷，難以體會。

「我可以吃掉你的鼻子嗎」——我懂他，他懂我

等情況安定下來，我心中悲觀的想法隨之消失。作為醫師，我很清楚失智症的病程進展，但我依然抱著希望，期望他有一天能好起來。至少在我有生之年，我會傾盡全力，維持他的健康及認知程度，保持我們能溝通，讓我能懂他，他也能懂我。

所以，我很注意最新的醫藥研究進度，也觀察億萬富翁伊隆．馬斯克創立的新創公司Neuralink，它致力於開發腦機介面，透過將人類大腦與能解讀神經訊號的電腦相連接，包括在大腦中植入晶片，或能治療神經系統疾病，例如阿茲海默症、失智症和脊髓損傷。也許，狂人馬斯克真能找到我們需要的全新解

方。

近來有些轉變很激勵我。我先生原本就不是能言善道的人，生病後話更少了。有一段時間，他好像聽不懂別人說的話。但他最近明顯進步，例如，早晨上班前，我會親吻他的額頭、嘴唇和鼻子，邊親邊問他說：「我可以吃掉你的鼻子嗎？」他總會一口答應說：「可以！」

每次聽他如此慷慨地回應，我既高興他能表達，又很受觸動。我自小有蛋白尿問題，以前我常跟我先生唸叨，我以後可能會腎衰竭，恐怕有一天得換腎。他總說要捐一顆腎給我。如今，聽到我想吃掉他的鼻子，他一定記得，凡是我要的，他都會給我，才如此痛快地答應。這就是我在努力的：幫他保留簡單但重要的溝通能力，因為那對我有非凡的意義呀。

這樣照顧你，我想你會同意的

最近我收到很多來自陌生人的安慰與勸勉。一次我們到餐廳用餐，一位服務生特地跑過來關心問道，我先生是出車禍傷及腦部嗎？這位服務生多年前騎機車發生嚴重車禍，腦部重創，被送到台大醫院開腦，術後成了植物人，在病床上躺了三年。他的母親沒有放棄，悉心照料，他竟然清醒了。再經過三年復健，他終能重回社會，在餐廳當服務生。雖然他有些動作不夠靈便自如，但從植物人到能自立生活，真是天大的奇蹟。

又有一次，我們在公園散步，遇到一位老伯拄著拐杖一拐一拐地走路。他說自己中風後昏迷不醒三個月，醒來後花了七年復健，如今已能拿著拐杖出門散步。他鼓勵我們不要氣餒，他正是從不會說話，進步到能簡單的對話。

這些來自陌生人的善意，給我莫大的正能量，讓我有勇氣和信心，相信我們也總會等到這樣一天，終能雨過天青。

在他整個生病過程中，我沒能夠跟他討論：「你這個是失智症，請你告訴我，我應該怎麼照顧你。」原因無它，就真的沒有時間，時間都被我用來追趕他的退化。而他也從未跟我提到「失智」這個話題。

我已很難詢問他的想法，只好將他常說的話、他一生遵循的處事原則，當作照顧他的指引。我想，他也會同意的。

看電視歡樂多，我與阿迪拉著他一起唱歌跳舞

其中一個指引是，他常對我說的，美國甘迺迪家族的故事。他總說，這是個受詛咒的家族，但幸而這個家族有個女人羅絲·甘迺迪。作為甘迺迪家族的

母親，她撫養了九個孩子，其中包括美國總統約翰．甘迺迪。她的努力，對甘迺迪家族的成功影響重大。我先生應該是想告訴我，如果發生什麼事，我得堅強地扮演我們家庭的母親。

第二個指引是，我先生一生喜歡愛笑的人。所以，我總設法營造有歡樂有笑聲的氛圍。我們在家看電視時，若節目中有人在唱歌跳舞，猶如我們家二女兒的印尼籍看護阿迪和我就會跟著起身唱歌跳舞，二女兒也會把我先生拉起來，隨著節奏搖擺，家裡頓時充滿爽朗的笑聲。

林芳郁也常說：小人不怕煩，而君子多半怕煩。所以像政治這樣的大事，大多會被小人竊占破壞。如果君子下定決心要做事，就不能怕煩。我常用這段話自我砥礪。

至於照顧花費，動用兩、三個人力，那可是不小的開支。相較過往，我現在用錢確實是隨心所欲，想出去吃飯，就出去吃飯；想包車出門玩，那就包車。如此大手大腳花錢，絕非我過去的消費風格。

組織一個照顧團隊，把錢花在刀口上

我們向來勤儉過日子，我先生待人大方但對自己吝嗇。我們前半生，開支用度都很節省；不只因工作忙碌，也是共同的金錢觀。如果我們兩人共有一萬元的收入，就只會花一千元。既然一生省吃儉用，省下來的錢就更該花在刀口上。我認為，照顧我的先生，就是那個需要花錢的刀口。因此我改以不怕花錢的態度，安排照顧他的大小事。首先我要組織一個照顧團隊，選擇成員的心法，就是他以前傳授給我的用人原則：用人惟才，不管黑貓或白貓，會抓老鼠的貓就是好貓。

除我之外，照顧他的團隊主力有兩人，一位是外籍看護阿迪，負責他的生活起居。一位是退伍軍人「旅長」，每天來半天。每早就這兩位我信任的人，陪我先生出門運動和鍛鍊。他們已然走遍台北附近的山林和步道。

我也有長期作戰的心理準備。現在我七十五歲了，依舊認真看診工作，竭盡所能好好活著。我做這一切，都是為了要與我先生永遠在一起。

林院長要留下什麼

——作為家人，我們要理直氣壯，親人失智並沒有對不起誰

我先生剛發病時，與過去差異不大，但猝不及防地，他的某些能力突然消失了，如同斷崖般往下墜落，我伸出雙手想接也挽留不住。

最初我們兩人商定，要盡最大努力鞏固他的認知能力，我是老師，他是學生，安排了滿滿的功課。除了運動，他早上會邊讀邊抄寫他想看的書籍，下午則做我買來的國小習作。我相信腦子是用進廢退，不論寫字、說話和算術，只要多加練習，怎麼會忘記呢？但病魔很殘酷，無情攫奪認知，他那麼專心那麼用功，到最後還是都忘了。

失智襲來時的退化，猶如海嘯過境

很多能力的喪失是始料未及、突如其來的。比如，上一周他還會寫捷運的「捷」字，這周就變成右邊寫出兩個「疌」。本來會寫「梅」字，下周「梅」字左邊可能寫出兩個「木」字邊，再來只會寫「每」字，接著只能寫「母」字。再之後，他只能拿著筆畫圓圈，什麼字都寫不出來了。

現在回想，我非常後悔。如同我兒子說的，我太相信「人定勝天」，一心鼓勵我先生「不要害怕，我們一起加油」，且堅信我們能穩住他的腦力，因為他是那麼睿智且學問淵博。沒想到，忽然間，我們就站在斷崖邊了。我已經來不及問他的想法及對未來有何規畫。

相對地，照顧的壓力變大了。兒子從AppWorks School新創團隊中，一個專門媒合照顧人手的平台，介紹有經驗的居服員洪先生，定期來家裡幫助我。

洪先生清大畢業後在日商工作，中年退休後炒股投資失利，轉而投入長照當居服員。他曾任職於某個出名的安養院，對「照顧」這件事見多識廣，表現得很有把握。

洪先生以很大的專業信心對我說，不管失智症如何進行，最終還是能保留住一些能力。還問我，想替我先生保留什麼能力？他會替我保留的。我信以為真。後來隨著我先生病情變化，我慢慢瞭解洪先生說的，應只是安慰人的話，失智襲來時的退化猶如海嘯過境，哪容得你有選擇的餘地。

洪先生問我，想保留我先生的什麼能力。一開始我想保留他會寫字，然後隨著病情侵蝕，心願愈來愈小，後來就只希望保留他自己吃飯的能力。但我最近想著，如果上帝真的允許我們能為失智家人保留一件事的話，那是什麼？

回想他的話，才知最重要的功課不是寫習作

我回想起林芳郁對我說過的話。我算是個虎媽吧，兩個孩子小時候有一點點沒做好，我就生氣，要他們改正。那時林芳郁開導我：「妳應該多去急診室看看那些從死亡邊緣被送來搶救的孩子，就會知道，小孩只要健康快樂就好了，不要期望太多。」但當時的我哪聽得進這些話。

直到，我很難忘記的那一天。

我先生失智後仍是個勤奮的學生。我原本每一、兩周，會去書店替他買習作。隨著他的退步，起初還能做小學習作，後來只能做幼稚園練習本，再後來退到只能做娃娃的塗鴉本。那一天，我最後一次站在書店時，我發現已經找不到適合他的習作本了。我才想通，究竟給他做那些習作是要幹什麼？

如果有機會重來，我不會再要求我先生抄書及寫作業。最重要的功課，應

該是每天帶他去他想去的地方、吃他想吃的料理，唱他喜歡的歌給他聽，講很多笑話，跟他一起放聲大笑。這才應該是我們的日課表呀。

前幾天，我們在家吃我先生愛吃的橘子，我們邊剝給他吃邊問他：「這裡有幾顆橘子？」他答說：「五顆！」其實是三顆，但我們都開心地拍手歡呼說：「你看，他知道，他知道耶！」即使算錯了，但他還會計算而且能夠回答，就足夠讓我們歡天喜地了。

我有兩、三個朋友，近來也經診斷為失智症。他們有的靠做畫，有的使用一些新療法如外泌體，似乎很能見效。我的經驗是，失智初期的病人，如能獲得家人關愛支持，不管做什麼事，都很有幫助。但病情進行到一個程度時，似乎就先不要抱過高的期望。

出門用餐，他邊看廚師表演，邊自己吃個精光

歸納我的經驗，有幾個方法對維持失智者的能力有助益，其中首推運動，最有價值且有多重效益。

第二個就是帶病人出門去。我先生只要出門，看到外面的車水馬龍，或是坐捷運聽關門嗶嗶聲，或是去他以前工作的醫院，都很能引發他的興趣及注意

力。

我先生個性中的老饕特質，也大有作用。平時他在家吃飯，常自己吃到一半就不肯吃了，得靠別人餵才能吃完。但帶他外出用餐，尤其是像日式料理或鐵板燒等有吧檯，可以邊吃邊看廚師表演廚藝，他就能自己吃個精光。

我先生病情加重後，對於要帶他去公共場所或餐廳，起初不免卻步，尤其去到陌生環境，他會不安地大喊出聲。幸而我家二女兒，不但不以為忤還會哈哈大笑來回應。她坦然的笑聲不僅化解尷尬，也讓我明白，我的膽怯和心虛根本是沒有必要的。旁人至多看兩眼，或根本不想理會我們。現今我完全不在乎別人的眼光，我們想去哪家餐廳就去，一周總有三天要外出享用美食。

去年中秋節，我們去一家飯店的鐵板燒，廚師看我們三人慢慢步入餐廳，遠遠就跑過來幫忙，扶好椅子，幫忙扶抱我先生坐上高高的吧檯椅，安適用餐。我的經驗，百分之九十九的台灣人都是好人，願意幫助人。

家人失智，不要害怕出門，只要想通了，就不怕了。

多年前，我曾因為替病人使用國內尚未引進，但明明是更安全、品質更好的果凍矽膠隆乳，惹上官司還被判了緩刑。那段時間我足不出戶，林芳郁看不下去，堅持要帶我出門。我不肯，因為「人家會笑你帶著一個罪犯」。林芳郁安慰我說：「你又沒有殺人，又沒有放火，不偷不搶，為何要有這種心情？」然後硬把我帶出門。我現在就是用同樣心情帶他出門，況且，他不但沒有做錯事，還曾對社會盡力做過貢獻，我有什麼要怕？

最重要的，作為家人，我們要理直氣壯，親人失智並沒有對不起誰。我先生剛生病時，我們去同學會，一位同學見我們就說：「妳怎麼把林芳郁顧成這樣！」老實說，我聽了是有些不舒服。還好我很會自我安慰，我想：「顧成這樣，顧得很好呀，否則要怎樣？」

我仍抱著想望，有一天會有新藥、新療法出現

如今他生病了，自然很難再談健康，但也不能悲觀地只期待他活著，應該還能有更多盼望。我常問他：「你幸福嗎？」很奇妙且讓我欣慰的是，他會答說：「幸福。」我抱著一絲想望，也許有一天，會有新藥或新療法能治療我先生。我是懷著這樣的信心，在安排我們的生活。

照顧我先生，我從來不覺得累。但心情難免隨他的狀況而起起伏伏。每天最影響我心情的，就屬三件大事。一是他走路走得好不好，二是他心情好不

好，三是他排便是否順暢。

在我們二女兒的引導訓練下，我先生現在不管是洗澡、小便和吃飯都不再成問題了，也能表達想上廁所。二女兒超有耐心，為了確保順利完成排便這重大任務，她可以在廁所裏等一個多小時。

帶失智者出門很困難，但很重要

正常走路也是件大事。有時我先生不肯走路，甚至發脾氣躺在地上不肯起身。有一次我們兩個在公園散步，他突然就躺倒在樹叢中，我一人無力拉他起來，向路人求助，還被訓了一頓說：「怎麼讓他躺在這種地方」、「根本不該帶他出來」。路人怎能理解，帶失智家人出門有多困難但有多重要啊。

生活中難免挫折，但是隨著每天照表操課，我先生的情緒平穩下來。他早晨如果笑容滿面，我會去親吻他的額頭、親吻他的耳朵，邊親邊跟他說，我要吃他的頭、吃他的耳朵、吃他的鼻子……。

這是他生病前，我不會做的事。

【妹妹心中的巨人】

我的二哥，您辛苦了

林芳郁院長妹妹

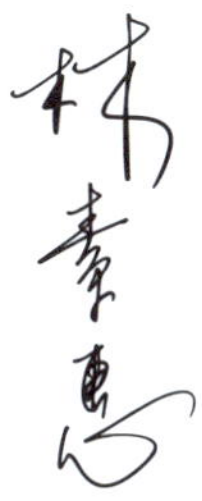

想著二哥，好像不自覺地就會微微仰起頭。小時候是因為他塊頭高大，跟隨他玩耍，對小兩歲的我來說，得抬頭挺胸。長大後，是深深感佩其志氣遠大和努力。我常望著天際為他送去祝福，多麼希望他安好順遂。

生龍活虎的孩子王，「志學」之念萌芽

雖說是年齡最近的兄妹，但在同個屋簷下生活的時間並不算長。小時候在羅東家鄉，和伯叔家毗鄰而居，親族圍繞，玩伴多，溫馨熱鬧。有中庭的長長屋舍是我們踢罐子捉迷藏的好地方，近在咫尺的羅東公園，則是我們暑假午後嬉戲捕蟲聽說書的去處。還有家裡的書房，是我們兄妹小弟三人興致勃勃的戰

場。移動桌椅設城牆，捲廢紙成彈，橡皮筋是彈弓，更有各種瓶蓋充當將帥兵卒……難忘的童年！

二哥高大，氣剛勁，性亮直，總是生龍活虎地。閉上眼，當年那神情活躍、帶領我們半奔跑買燒餅購飯糰的二哥仍依稀在眼前。

不知怎地，小學高年級時，二哥的「志學」之念萌芽，他開始朝著向學的路上走去。至今我仍想不清那有些突然轉變的緣由，也多少遺憾這麼多年過去，竟然沒問問二哥本人解我疑惑。或許在後來的日子裡，這已經不重要了。

不苟言笑的祖父，總對我二哥另眼相待

小時候，大家族中威嚴的祖父，不苟言笑，讓我們孫輩小孩望而生畏。但他對二哥總有幾分另眼相待。稍後曾聽大人提起，有位會看臉相的朋友曾對祖父說二哥有「孔子眼」。當時我們只當迷信趣談。如今想來，在貧窮中成長，自小未能如願求學的祖父，應該是分外希望他的後代子孫能有心好學吧。想到此，也為二哥高興，心細如他一定也內心清楚，祖父定是笑容滿面地說著：「好孩子！」在朝著他點頭稱好。

二哥率先離家上台北念高中了。兩年後，我也成了那古亭國小對街小巷

裏，北上求學的堂兄妹們聚集的小院落中的一員。白天大家上學，晚餐時刻，同故鄉來幫忙操持家務的阿華備好的飯菜一上桌，七、八個年輕人爭先恐後，邊吃邊高談闊論，那無拘無束，那熱鬧勁，如今仍令我回味無窮。晚上書讀累了，肚子叫了，我們結伴吃夜宵去，在夜色中騎腳踏車往師大牛肉麵攤奔馳。

徹夜讀書，爸媽給零用錢勸他出去玩

高三的二哥，雖不至忘食，但偶會通宵達旦，幾近廢寢地持續著他的一心學習。有時早上起床經過二哥房前，看他趴在書桌上，而臥床紋絲未動。爸媽姊姊們看他過於專注念書，怕他累出病來，想了法子，給零用錢，勸他假日出去玩玩。二哥被說得無可奈何，出是出了門，卻跑到衡陽路的書店去看書，買書回來。大人們看他樂趣在此，只好作罷。

二哥高中時還有兩件事讓我印象深刻。一是看到他拿著針線縫補制服學生褲膝蓋的破洞。我好像窺知了他心向簡樸，更不願麻煩別人。另一是看到他高中時臨摹畫的西洋風景畫，真是精筆細膩，維妙維肖。我從未留意過二哥有此繪畫能力，著實吃驚，也心喜他不是個書呆子，更知曉了他心細，善觀察，有耐心。

兩年後，我上了大學，離開台北，也離開了和二哥同住的家。再後來，離得更遠了。我離開台灣，在異國安了家，為自己的小家庭忙碌奔波，難得回台一趟，和家人們團聚的機會也屈指可數。但，仍常能風聞有關二哥的訊息，知其多年來仍努力不懈，不忘初心，一意為良醫。我也深信，經年努力獲取的知識和經驗的不斷積累，加上二哥廣博慈愛的為人，定能做著他自己期許的至善之事。

孩子們漸長大後，我回台探親解鄉愁的機會多了，常住宿在二哥家。二哥家中書架上各類藏書不少，我曾經借了些詩詞散文書。讀到之處，有不少二哥習慣畫的小波線，還時有眉批。家中樓梯轉角壁上掛著一幅蘇軾《行香子・述懷》的大匾額。有一回碰巧和二哥一起站在樓梯口附近，順口一同念起映入眼簾的「清夜無塵，月色如銀……」此景也永記於心。

出國旅遊，心繫醫院改造與防疫

偶爾一起旅遊，二哥總不忘帶著書，在移動的車上，旅館內悠閒時閱讀著。多年來二哥除在專業上深耕，也廣泛涉獵各類知識陶冶身心，豐富自己。知識無境，相輔相成。想來，餘暇聽音樂賞詩詞等，除拓展了二哥的知識與心懷的幅度，也為他添了不少人生意趣吧！

爸爸離世後的二〇〇〇年開始，二哥二嫂在農曆年假和暑假，常帶著媽媽到日本來旅遊，大多時候我也陪同。幾天的同行，常讓我深感二哥謙和，不爭先好功，但既身在其位，則謀好其政的心意，非比尋常。有一回他正在看一本如何當好領導者的書，也和我談起某名人提到的三層次的領導者……。再有一回，聽說是醫院正計畫修建庭園，二哥旅途中問樹詢花，更細心觀察柏油路或石板路上如何間隔植樹，甚至觀察到男女廁所占地比例大小。

一般男女廁所占地比例各半，而那回他留意到當地女廁佔地兩倍於男廁。二哥微笑頷首說：「這比較合實際需求啊，修改醫院時可以提議參考。」二〇二〇年一月底，同遊伊豆半島，近尾聲，二哥得到疫情爆發的消息，馬上著手籌集口罩等防疫物資，為醫院將面臨的問題做準備。

近親和樂共遊中，二哥仍心繫醫院民眾。幾十年歲月流淌，努力不懈、全力以赴已是二哥的習慣。內外一致，真誠待人也是他日常為人之道。不管多長途的飛行，只要後座有人，即使是家人，他也不會放下椅背。取用自助餐也自制，自己餐盤上絕不殘留一點糧。有一回，我多拿了壽司，因而留下兩口飯。二哥輕聲提醒我：「這不太好。我幫你吃了。」令我既羞愧，也心服。

虛懷若谷，一身風骨

感動我的，不僅僅在他做了什麼，偶爾的同遊或返台時的短暫相處，都讓我可窺知他持何種心態，以何等人格氣節，在一心一意地向前行。

在我們夫婦最辛苦的一段日子裡，迎來二〇一二新年，收到了二哥寄來的祥龍獻瑞賀年卡。他那規矩的字列在那，字數比往年多得多：「辛苦了！烏雲密布天空的後頭，可仍是萬里晴空啊！我常常以此自我激勵，度過生命中的逆境。加油！期待你們闔家新的一年健康平安！萬事如意！」

心裡清楚二哥是在百忙中，特意捎來他的掛懷和鼓勵。我不禁涕淚縱橫，久久不能自已。謝謝您，二哥！

也讓我在這兒，微微仰頭，向您說，二哥，辛苦了。

作為妹妹，深深敬愛您秉心堅樸，虛懷若谷，一身風骨。

我們的醫師

——求醫之路幾番波折，終於找到「寵愛」病人的好醫師

我身為醫師，照顧曾是醫師的丈夫，很多人好奇，我先生的醫師是誰？

我還是住院醫師時，心中把外科醫師分成兩種。一種是很瀟灑、開刀乾淨俐落的，他的興趣在疾病，樂在以高明的診斷，揭曉病人的疾病，很熱衷於開刀。至於照顧病人，多半沒啥勁，對病人的抱怨訴苦，尤其缺乏耐心。我崇拜這種醫師，也向親友推薦。我當時深信，這樣的醫師才有能力解決疾病。

另外一種醫師，年輕的我總帶著不解的眼神，冷冷觀察他們的奇特。我不懂家屬，為何非常喜歡這種醫師。他們開刀拖泥帶水，優柔寡斷，擔心東擔心西，記掛微不足道的小事。比方說，要給傷口貼個紗布，家屬會不會換藥？給病人放一個引流管，家屬有沒有辦法照顧？開刀時明明可以速戰速決，他硬是

不慌不忙慢慢來。

巡病房時，他會親自給病人換藥，只要家屬問：「醫師，你再幫我換個藥好不好？」那大教授醫師就會轉身，對我們這些住院醫師說，再去把換藥推車推過來。大家只好等他慢慢換藥，我心裡直翻白眼，不是剛剛才換過藥？他就是這樣然對病人有求必應。

這種醫師不僅認識病人，還跟家屬超熟。會問：「你的二嫂今天怎麼沒來？」、「你的孩子是不是畢業了？」我在一旁忍不住犯嘀咕，您到底是醫師還是三姑六婆？何必管病人家裡這麼多事？然後就聽到他繼續聊著：「你今天是不是還沒吃飯？」、「你最近看起來胖一點。」跟診的我比大醫師還心急，難道他不知道後面還有很多病人要看嗎？

我努力要找到一位好醫師，來支持我照顧我的先生

以前的我瞧不起貌似溫吞的醫師，還怪罪他們把病人寵壞了。然而，當我為丈夫尋找醫師時，我的心境截然不同。坦白說，這些年，我還努力讓自己成為第二種醫師，因為那才是上帝賦予我們醫師的真正形象。作為醫師，我們無法保證治癒每一種疾病，但陪伴與傾聽，必定是良藥。

事實上，評斷一位醫師有多好，病家最在意的是覺得有受到照顧，且遇到緊急狀況時，能找得到人，還願意給予指點、鼓勵和寬慰。我努力要找的，正是這樣一位醫師，來支持我照顧我先生。

外界必然想像我們家醫療資源充沛、人脈很廣，實則尋醫過程波折，與一般人無異。我們確實認識很多有名的大教授、大醫師，其中不乏多年老友。在我先生被診斷為失智症後，我想尋求第二意見，申請了核磁共振等腦影像資料，送去給我認識的大醫師們，慎重拜託他們看一看。

結果，有的懷疑我先生是巴金森氏症，但我很清楚，他並沒有巴金森氏症症狀。有的醫師沒有回音，經我催促，索性回我：「你給過我資料嗎？」有的很難為情地說：「好像收到資料，但不曉得放到哪裡去了。」這樣的事情一再發生。事後自我檢討，可能怪我沒有強調我先生病情的嚴重性，所以大醫師們也就沒有放在心上。

還有名醫很委婉但直接拒絕我的請求，我也能理解。有的醫師經過幾次相處後，也有種種不合適。我深切感受到，好醫師難尋。

找一位好醫師的五大心法

算不清尋訪過多少位醫師，最終幸運找到一位很棒的醫師，在他的幫助下，我先生的病情得到很好的治療與照護。我歸納找一位好醫師的五大心法：

好醫師的第一個重要特質是「熱情」。

醫師跟我一樣在乎我先生這個人，而不是只在乎他的病。有些醫師很願意診斷疾病，如果診斷沒病或不屬於自己的專長，醫師就變得事不關己，甚至說：「不用找我了。」或是「這不是我的範疇，找我幹嘛？」唯有熱情的醫師，才能在自己專長之外，更看重病人的需要，盡力協助，而不是光想著把病人請離診間。

第二個特質是「陽光」。

醫學看似是一門科學，但如何向病人宣告診斷有不同的作法，病家的感受也截然不同。我先生有一陣子，頭常往右側歪，我為此焦慮擔心，請教了多位專家。

有的醫師只回我：「失智這個病，尤其到後期就是如此。」意思是我要接受。有的醫師則說：「這可能跟他的脊椎受傷歪掉有關。」還暗示我，未來會更嚴重，不必大驚小怪。也有的索性說：「這個病就是這樣了。」聽得我非常沮喪。但我先生的主治醫師，回覆大異其趣，他安慰我：「不要緊張，可能只是他太累了。」我卸下心中的大石頭，事後也證明他是對的。

老實說，病人的病情發展，照顧者一定是看在眼裡，心知肚明，醫師大可不必再對家屬潑冷水。醫師鐵口直斷「這個病就是這樣」，聽在我耳裡，只加深我的悲觀。尤其失智症醫師應更清楚，家屬最欠缺的，就是鼓勵和正能量。

「這個病就是這樣子」的說法，忽略了個別差異，每個病人的進步和退化並非一致的；也斷絕了病人對醫學進步的期待。我父親常說，醫師要努力讓病人懷著希望。他年輕的時候，肺結核是絕症，但是結核藥物的出現，讓肺結核病人「復活」。**對無法治療的疾病，能陪著病家帶著希望，才是好醫師。**

第三個特質是「可近性」。曾照顧失智者的人才能體會，失智者隨時可能發生狀況，特別在醫師沒看診的夜晚。如果醫師願意跟病人加LINE或者給病人私人電話，那對家屬是絕大的心理安定力量。前提當然是病人或家屬也要能自我約制，平時沒事絕不打擾醫師，晚上十點以後，早上七點以前，若非緊急需要，也不要打擾醫師。

我是在成為照顧者後，開始讓我的病人加我的LINE。我的經驗是百分之九十九的病人都理解醫師也是人，下診後也需休息，沒事從不LINE我。

好醫師的第四個特質是「專業」。我們在選醫師時，都想找一個在該專業領域中最出色的。但身為病人或家屬，尤其慢性病，更重要的是評估醫師的專業是對病人有用，還是對醫師自己有用？

我們剛開始尋覓良醫時，一位名醫好意邀請我先生加入一項臨床試驗，讓病人待在一個密閉場合裡約四十分鐘，接受掃描檢查。當時我的先生正在對抗恐慌症，我心想，要他單獨在密閉空間裡四十分鐘，勢必不行。

而且這項研究雖有助於確切診斷，卻對病人沒有幫助，不適合我先生。如果病人有熱情或餘力去貢獻醫學研究，自然很好，但如果可能增加症狀或照顧困難，那最好再考慮。

第五個特質是「具有全面性的醫學知識」。 現在醫學專業分科很細，有些醫師只關注自己的專長，無法關照病人全面的醫療需要。

有一陣子，我先生嗜睡，主治醫師提醒我們趕緊去驗肝功能或腎功能，一驗果然發現腎功能變很差，趕快轉診腎臟科醫師。高齡、多重慢性病的病人，更要找到一位有能力思考並整合不同科別專長的醫師。這樣的醫師，還能預見病人的需求，提示病人何時要尋求其它專科協助。

因為諸多原因，醫師多半不會主動提醒病人，應及早規畫失智者日後的照護人力與安排。如果醫病有足夠的互信，醫師才願意提供相關建議。我先生開始時狀況還好，我能自己一個人照顧，但我們的主治醫師那時已提醒我申請外籍看護至少要三個月，建議我預為準備，事後證明他是對的。

陳晉誼醫師，一位低調、永遠表情平靜的人

我先生的主治醫師是台北市萬芳醫院的神經內科主任陳晉誼醫師。他也是我先生的表弟，他的父親是林芳郁的舅舅。我們是看著他長大的，所以不曾想過找他當主治醫師。陳醫師是一位低調、永遠表情平靜的人。他正是以他那冷靜的風格，讓我理解，任何狀況都不用驚嚇，他會一直支持你。

我的經驗，失智者大約兩、三個月，會發生一些狀況，所以，在確定家人罹患失智症後，家屬一定要盡快找到可信賴的醫師，然後跟定他，照顧的日子會比較好過。

也許有人說，陳晉誼醫師因為是親戚，才對我們另眼相看。其實他對我們來說，是很年輕的醫師，一開始並沒有考慮他。畢竟我們夫妻有太多舊識都是名號響亮的權威醫師，其中不乏專看失智症的名醫。但幾經挫折、換了好多醫師後，我們才諮詢表弟。幸運發現這位不愛出名的醫師，正是最適合我們的。

如果無法找到一位醫師來依靠，也可考慮找別的專家，例如到宅服務的長照護理師，也有朋友是找日照中心的督導當諮詢專家。

找醫療靠山專家很重要，然而很多決策，照顧者還是得自己決定和承擔。

陳晉誼醫師知道我是個很有求知欲的照顧者，常轉給我失智相關的醫學會議或課程資料，我常去聽講上課。

找出問題，他的腎功能變好了

我先生的腎臟功能一度很差，甚至掉到洗腎邊緣，我很是驚慌。幸而女兒鎮定地提醒，先不要往壞處想，畢竟這只是一次檢驗結果。我女兒主張，水分才是腎臟最好的朋友，且他的電解質數字並不差，反對我給我先生限水。

後來我查了很多書，發現除了他服用太多藥物外，我們給他吃的飲食也不太對。為了健康和肌力，我讓他吃很多燕麥、堅果和蛋白質，這些食物如過量都不利於腎功能。而且家裡的外籍看護不愛吃肉，每天把自己的肉食偷偷給我先生吃，吃了太多蛋白質，更加重腎臟負擔。找出問題後，多管齊下，減藥、少吃燕麥和堅果，適量飲水及攝取蛋白質，他的腎功能真的變好了。

總之，家有失智者，要找一位適合的醫師或專家當醫療後盾，但自己也要認真學習，對失智或病人相關疾病有所瞭解，遇到困難才能迎刃而解。

【主治醫師視角】

我的表嫂林醫師，一位了不起的照顧者

台北市立萬芳醫院神經科主任
陳音誕

林芳郁院長是我的表哥，我是由他的外婆帶大的。兒時我們住得很近，他對我疼愛有加，曾帶我去市場，買一輛我很想要的用腳踩帶動的小汽車，是段難忘的回憶。但從沒想過，有一天我會成為他的醫師。

疫情期間，表嫂林靜芸醫師打電話給我，希望我去探視表哥，並查看他在醫院檢查的核磁共振影像報告。

見到表哥時，他講話不如以往流利，但仍記得我是他的小表弟。我看了影像資料，及在醫院做的病歷及評估，確認他腦部已有明顯的退化，應可確定是失智症。他已開始服藥，依表嫂日常生活觀察，他可能合併有精神症狀，可想見表嫂的照顧壓力很大。

林靜芸醫師是位了不起的照顧者。林院長發病之初，有時在外遊走整天整夜，走七、八萬步仍不回家，她都跟著他。從臨床觀察，確實有近半數失智者合併精神症狀。這類病人是所有長照病人中，照顧難度最高的。

表嫂也是很少見的照顧者類型，不僅是資深醫師，又非常認真學習，鑽研疾病和照料專業，還非常有智慧、有效率地調動豐沛的資源，從人力、金錢和醫療專業，提供另一半全方位的照顧。照顧失智者非常「個別化」，不同的失智者病情、家庭資源和情況都不同，但有幾個原則值得學習：

一、放下身段，理解失智者

林靜芸醫師應該經受過不少先生發作時的攻擊，然而她不放棄，並且放下身段，試著從病人的視角理解他的處境，並從衝突挫敗中學習，先依順病人的想法，再慢慢引導化解，這是很了不起且正確的應對。

很多照顧者不理解失智症，會生氣說：「他以前可以做到，為何現在不行」或「他是不是故意跟我作對」。失智者發作多在照顧者希望他做某事時，如吃飯、脫衣、洗澡或穿鞋等。如果照顧者堅持非要照做，失智者就容易發火，甚至暴力相向。

這時不妨先依順病人的心意，可能才是上策。家屬的照顧壓力自然很大，但不要把照顧者自己或以往的標準套用在病人身上。他以前會穿鞋，如今不會穿了，或可換雙好穿脫的鞋子。他不想吃飯，那就先不吃，甚至一天只吃兩餐也無不可，反正他們的活動量也不如以往。

二、瞭解失智症，學習應對精神症狀，見招拆招

林芳郁院長發病後，常有難以抑制的衝動，日夜外出遊走，生活秩序大亂，很難照顧，嚴重時甚至需要去住院治療。幸而林靜芸醫師憑藉醫學素養與學習精神，研讀失智症知識，最終以行為治療和愛心，取代藥物控制，讓院長的生活回到正軌。

疫情期間，神經內科醫學會很多課程改線上舉辦。我推薦一些失智相關醫學會給林靜芸醫師，她都認真報名並全程聽課，真的既專業又用功。

失智者合併精神症狀，普遍存在。亞洲的失智者更常見合併其它疾病如巴

金森氏症及精神症狀等，病情更顯複雜多變，很難以單一模式來回應，家屬只能見招拆招，照顧經驗變得很個人化。我在門診中，常要跟照顧者傳授或分享其它家庭的心得和方法。

這些病人和照顧者是弱勢中的弱勢。病人來診時多表現正常或根本無法來看病。我們推動社區醫療，由醫護團隊到宅診療，較能察覺病人的精神症狀。但因這些病人多數「好手好腳」，無法構成行動困難的條件，居家醫療資源多優先投向「三管」病人。然而，照顧合併精神症狀的失智者，比照顧臥床重症病人更具挑戰性，有時甚至要四、五個以上人手方能應付。

精神症狀嚴重時需就醫用藥，但精神藥物有其風險，如可能增加跌倒機率或影響心臟等。林靜芸醫師盡量減少林院長的用藥，改以觀察和調整行為因應；譬如不想洗澡，就等一會再說；不想上廁所，就在早餐後建立如廁習慣等，都是很好的照顧對策。

三、作個聰明照顧者，善於求助及利用資源

表嫂畢竟是醫師，有其專業的優勢。但她善用資源，組建照顧團隊的作法，很值得參考。林靜芸醫師是以外籍看護搭配半天的運動陪練者，安排林芳

郁院長的日常生活和運動。

照顧者如能善用政府提供的長照資源，也可以組成不同的照顧團隊。例如以日照中心或外籍看護，搭配居服員，也可善用設在鄰里間的據點。有的照顧者還使用宗教團體如教會、寺廟替老人辦的免費活動，臨時託老。

失智照顧沒有「最好」模式，只有「最適合」模式。最重要的是，照顧者不需要單打獨鬥，應想方設法尋求並調動各種資源。林醫師親身示範，向其他照顧者學習、鼓勵自己。她也嘗試各種照顧模式，如請照服員到家幫忙、試著送日照中心、聘用外籍看護、找陪讀老師和運動陪伴者。有些以失敗告終。但她從中篩選適用的資源，最終建立對照顧者和病人都安適的生活規律。

我很推薦輕度失智者去日照中心，不要成天在家看電視。政府已普設日照中心，日照中心的課程設計及社交功能對失智者有助益，也讓照顧者稍事喘息。千萬不要受限於自以為是的「孝道」，只靠一人苦撐。照顧殺人的悲劇多因未及時尋求外援所致。目前專門收失智者的機構雖不足，但仍有多樣的資源，加上考量不同階段病情的需求，有需要時不必排斥，可諮詢相關專科醫師及長照個管師，尋求適合的資源和幫手。

四、愛不改變，盼望永存

失智症可能讓原本睿智、溫文爾雅的人性格大變。尤其高知識水平的病人，早期會以其它能力彌補認知功能退步，但病情加重時，可能出現雪崩式退化，讓家人很難接受。

林醫師這些年作為照顧者，依舊深愛林院長，並不斷表達愛意，讓院長感受到愛與支持。她最終也從伴侶疾病的震盪中走出，平和接納失智症帶來的不同生活風景。

愛與心理支持對失智者尤為重要。許多病人僅僅到醫院看門診，診斷確定自己的疾病，病情就能得著改善。即使只吃一些延緩退化的藥，如能有家人的愛、接納與照顧，病情也會有所好轉。

五、對未來抱持期望，快樂度過每一天

失智症影響廣泛，林院長發病初期又逢疫情所帶來的壓力，後來發生褥瘡，身體狀況一度不好，加上腦神經病變，狀況起伏不定。林醫師憑藉整形外科專長，治好院長的褥瘡，並安排規律的生活作息和大量運動，顯著改善林

院長的精神和動作協調。如今我常收到表嫂分享的出遊照片，不僅看到她的笑臉，表哥也很樂在旅遊。

新型失智症藥物今年引進台灣，未來失智症檢驗和治療將有革命性突破。儘管新藥費用高昂，也可能有副作用，但醫藥進展值得樂觀期待，不必過於恐懼。

近年，國人對失智症的理解和友善度提升，許多人不再誤以為失智是正常老化，願意就醫和用藥。然而，失智症汙名化問題仍需克服。所以，我很佩服林靜芸醫師、我的表嫂，沒有隱晦或躲藏，站出來坦然分享他們的經驗，必然能鼓勵更多人勇敢面對失智症，或能逐漸消除失智症不必要的汙名化印象。

林芳郁生病後很黏太太，林靜芸也陪伴他走過春夏秋冬。

帶林芳郁一同出國旅行，是照護團隊的共同目標。

退休後，運動成為林芳郁的重要日程。

林芳郁、林靜芸與照顧團隊手拉著手，一起努力，每天都要向前行。

林靜芸醫師幾經摸索，組建了照顧團隊，她加上外籍看護及陪伴教練，讓照護的日子，也能充滿藍天白雲和陽光。

生病後的他

／輯四／

寫給在苦難中的照顧者

“

從他凝視我的眼神、簡單回應的話語、溫柔放鬆的表情，
我已感受到，他回來了。
「只要是對的，就該去做。」是林芳郁的人生信條，
他一生都在救治病人，應會希望以自己為例，讓國人更重視失智症。

我的照顧者角色

——我已從初期的親力親為，向後退了一步，變成這個照顧團隊的管理者

打年輕起我就是個書呆子，就像我兒子林之晨常說的，我還是個生活白痴。兒子如此評價我，有其道理。

新手媽媽遇上哭個不停的貝比

兒子出生後，當時產假只有一個月，我根本沒法坐月子，都在手忙腳亂地照顧新生娃娃，他總是哭個不停。有一次，他從下午四點開始哭，哭過長夜，哭到隔天清晨七、八點還不停歇。我抱著安撫他，手都快斷了，還是止不住哭聲。我的大嫂醒來，替我換手，但他依舊嚎哭。作為新手媽媽的我愈聽愈心慌，一大早就抱著他去急診。急診的小兒科醫師恰好是我台大醫科學長。檢查後，他見多識廣心平氣和地安慰我：「小孩子就是這樣，這種愛哭，有的一百

天會好，如果沒好，那周歲才會好。」

坐完月子，我要回醫院上班，請了保姆幫忙帶我兒子。保姆神經大條又愛玩，她以揹巾把我兒子縛在背上，兒子在她背上時哭時睡。她有時忘了餵奶、有時忘了換尿布，我兒子的愛哭卻不知何時竟然就好了。我百思不解，我這親娘雙手徹夜又抱又搖，他為何哭到快斷氣？

我替兒子餵奶時，也是狀況百出。他要嘛不吃，八十c.c.的奶永遠餵不完似的。要嘛一口氣喝完一瓶二百四十c.c.的奶，然後不到五分鐘全吐光。我身為外科醫師，非常愛乾淨，見不得他吐一身奶，只好又換又洗又擦地。等我好不容易清理完，他又大便了，只好再重新換尿布，所有的清洗流程重來一次。我就是要把小孩弄得非常乾淨，才肯罷休。對我而言，帶孩子真比當醫師還艱難。

有一天我婆婆來探視我們。她看我笨手笨腳，馬上接手，三下兩下隨便擦一擦，就把我兒子收拾妥當清爽。最重要的，在我婆婆手上，兒子也不哭了。那一刻，我清楚意識到，我是差勁的母親。

請了煮飯阿姨，大人小孩眉開眼笑

即使如此，我仍很努力想當好媽媽，包括做飯。我的時間有限，最常做的菜色，就是在電鍋裡同時蒸好絞肉和飯，再炒個菜，就可以開飯。變化菜色就是把蒸絞肉改為一鍋滷肉。林芳郁不挑食，不管我煮什麼，他都吃光光。但兩個孩子總跟人家說，他們媽咪煮的飯菜是給貓狗吃的。

隨著工作忙碌，後來不得不請了煮飯阿姨阿桃來幫忙。她是有烹飪執照的專業廚師，我家的餐桌上，開始有蘿蔔糕、壽司及咖哩飯等孩子愛吃的美食。孩子還可以先點菜，阿桃都能煮出來，大人小孩全吃得眉開眼笑。

我公公因病過世後，我的婆婆搬來跟我們一起住。初時婆媳兩人大眼瞪小眼，難免生出不愉快。還好不久後，阿桃來幫忙做飯，白天婆婆有阿桃陪，婆婆還可指揮阿桃如何燒飯煮菜。晚上我回家，不但有飯吃，還能好整以暇陪婆婆聊天，我們婆媳關係馬上改觀，變成一對無話不談的麻吉婆媳。

不管多忙，林芳郁的事，在我心中始終是最優先的。林芳郁是個很負責的心臟外科醫師，手術後病人情況未穩定前，他常睡在加護病房的值班室裡。待病人穩定，他偶爾能回家休息一下。他才剛睡著，醫院卻來電話，要請他開「電話處方」，好因應病人的變化，例如尿量變少了之類的。因為我在加護病房工作過，有時實在捨不得叫醒多日未睡的他，如果來電問的問題很簡單，我會直接依我的經驗，在電話上給予相應的建議，好讓他多睡一會。

後來，林芳郁接任衛生署長等行政工作，家裡多了很多記者打來的電話，我又成了家裡的接線生。電話真的太多了，我不會每通都轉給我先生，常常要應付周旋很久。但我絕不做逾矩的事，不說不該說的話。**有次林芳郁聽到我應付記者說：「等我先生回來，我再請他回電話。」本是我一句隨意的話，但林芳郁真的回電給對方，只是不願讓我成為說謊的人。**

那時跟我們同住的婆婆，見我常常在替林芳郁接電話，大概看出我真心疼她的兒子。有一天她語重心長地對我說：「是妳成就了我的兒子。」這句來自婆婆的肯定，讓我終生難忘。

「找對的人」幫忙，不要自己全扛

我先生剛生病時，我想親力親為，盡最大努力照顧他。他如果吃飯弄髒臉或衣服，我就帶著他去仔細清洗、換衣服。有時才換完衣物，他又不小心弄溼褲子，只好再帶他去清洗、換衣服……如此周而復始，幾個回合下來，我忍不住哭了，他見我哭了也跟著傷心落淚。有時他生氣了，大手一揮，我就東倒西歪，日子過得很淒慘。

有些照顧書籍提醒照顧者「只要做到夠好就好」，不必勉強非要達到自己心中的水準。我也很努力「只要夠好就好」，但在照顧現場，很多事情我就心裡過不去。例如我先生的嘴角、衣服或手有點髒了，我沒法接受隨便給他擦一下，硬是要帶他去用肥皂洗、換掉衣服且把手洗乾淨。

在一天天的挫敗中，我看出自己的限制，如同年輕時不會帶小孩、不擅烹飪般，即使再努力，我都無法成為很棒的第一線照顧人才，不過我應該可扮演出色的第二線照顧人才，能統籌調度資源做決策，更好地照顧我先生。

比如，作為醫師兼妻子，我知道該給我先生安排早餐吃什麼，該吃半顆或一顆高血壓藥或何時該停藥。看我先生的臉色，我就知道他今天有無出門運動。我還進階在我先生身上佩戴ＧＰＳ裝置，記錄他的運動路線及走路步數。

我已由初期的，自認一切該親手親力親為，稍稍向後退了一步，變成這個照顧團隊的經營者、管理者、策畫者、監督者、陪伴者和醫師。

其實這些方法，是我先生教的。他以前在醫院裡，常有機會為一些顯赫人物組織醫療服務團隊。我先生會跟醫療團隊耳提面命：團隊的價值不在製造個人英雄，「找對的人」來做比「自己」做還重要，最後藉著團隊完成任務，大家都有功勞。

組成照顧團隊，我先生進步了

例如，我個人實在太崇拜也太瞭解我先生，難免以舊有的標準來期待他。像今早二女兒阿迪問我先生：「以後我們都說印尼話，好不好？」我先生很務實地回答說：「應該不行。」

這個回答看似很簡單，但很能展現他的理解和表達能力，所以，我們都開心地鼓掌。我捫心自問，若非二女兒阿迪，這是我絕對想不到的提問。而且如只有我一人陪伴他，應也不會這樣歡樂。我只會惦記哀歎，他以前是多麼有智慧、多讓我崇敬的人，絕不是只能回答「應該不行」四個字的人。

二女兒是來台灣後才學中文，因此很愛問我先生一些國語國字的問題。例如，她常問我先生：「阿公，你叫什麼名字？」我先生有時能清楚說出「芳郁」，有時只能說出一個「芳」字。二女兒就會說：「你看阿公的嘴巴已經嘛起來了，他在說『郁』了……」二女兒對他的要求比我低，且永遠正向。

如果由我陪我先生，我可能會說：「你要走路」、「你要勇敢」、「你要忍耐」等有期使含意的話。但二女兒總說：「阿公很厲害，今天自己爬樓梯。」不管他做什麼，二女兒都覺得他很棒。阿迪比起我，是更稱職的第一線照顧人才。

我為什麼不想放棄

——我在朋友中找到兩個好榜樣，我決定用儲備至今的所有資源來照顧我先生

研究顯示：好好照顧，失智者能存活十六年以上

我先生罹病後，旁人給我的安慰和建議，滿滿好意但多半讓人悲觀喪志。我不想輕易放棄，因此努力尋找可參照或學習的榜樣。

一位朋友的先生也罹患失智症。她說，前五年勉強還能維持基本認知，行動還算自如。但五年後，就進入重度失智，完全失能，直到離世。也曾有新聞報導，有位大醫院的副院長失智了，據太太描述，他發病兩周後，連女兒都不認得了。

也有人安慰我，某某人失智十幾年都維持得很好。也有傳言說，某政壇大老失智了，每天家人送他去近郊山上閒坐，當年博學強記、口才便給的他，不

再記得誰是誰。我也看到大林慈濟醫院的曹汶龍醫師，每天陪著失智多年的老媽媽唱歌、吃飯，直到她九十二歲安返天家。可見失智者的樣態很多，並沒有標準答案。

國內的研究已顯示，如果好好照顧，失智者能存活十六年甚至更久。我的目標是盡可能延長我先生陪伴我的時間，但怎樣才算「好好照顧」？我在朋友中找到兩個榜樣。

激勵我的學習榜樣之一

劉董，鋼鐵般意志，把中風癱瘓的妻子救回來

我們有一對很恩愛的夫妻朋友，先生是摩卡咖啡董事長劉文舉，人稱劉董，年近九十。多年前劉董因心臟冠狀動脈阻塞成了林芳郁的病人，考慮他的年紀，林芳郁建議他不要做繞道手術，轉介他裝支架。不料第一次心導管放置支架失敗。劉董很緊張，生怕自己心肌梗塞，常諮詢我先生，雙方因此熟識。

我先生建議他放寬心接受治療，不久劉董再次進心導管室放支架，順利打通阻塞處。反而劉太太當天太緊張忘記吃藥，血壓超過二〇〇毫米汞柱，在等候室急性中風，當場昏倒。即使立即被推進手術室開顱救治，依然命在旦夕。

劉董才剛從麻醉中甦醒，就被告知太太病危。醫師建議，劉太太的腦出血嚴重，或該放棄搶救，因復元的機會微乎其微。然而劉董懇求醫師：「請你再幫幫忙，救救我太太。」醫師只好勉為其難，再度為她開顱。

二次手術後，劉太太的命是救回來了，可是我們去探視她時，她沒有表情也沒有氣力地躺在床上，眼珠只能往右看，無法往左看，氣管有切口，無法飲食。模樣怪異，很讓人悲傷。

劉董的意志如鐵，堅持要救他太太。受限於健保住院天數的規定，病情沉重的劉太太只好在四家醫院間輾轉住院及復健。待病情稍有起色，劉太太終於出院回家。劉董為太太在自家添置全套復健器材，又為感謝醫院，在四家醫院也各致贈一套復健器材，每套三百多萬元。我們再去探望劉太太時，她依然不能說話，但已能坐輪椅，眼睛稍能轉動。

妻子曾打罵折磨他：為什麼要救我？

事後我私下問林芳郁：「劉董如此大費周章把太太從鬼門關搶救起來，是對的嗎？」後來有個機會，劉董親自解答了我的疑問。他說：「這個女人十九歲就嫁給我、跟著我，我當然要救她。」但劉董也透露，太太病後常打罵他，甚至用指甲掐他捏他，怪他「為什麼要救我？」

劉董在家裡設了復健中心，太太每天照表操練，學習站立及走路，舉凡餵食、入浴、如廁都有特殊安排。三、四個月後，再看到他們夫妻時，劉太太的眼睛竟回正了，不再斜眼看人，也能自己好好坐著，雖然需要別人餵食，但進食狀況改善很多。

大概一年前，我請他們夫妻來我家吃飯，她太太是搭福祉車（後車廂可讓坐輪椅的人連車帶人一起上車並固定），由司機送來的。那天劉太太勉強能露出一點點笑容了。我私下問劉董：「你太太還會罵你為什麼要救她嗎？」他說：「不會了」。

那晚我特別借來一套卡拉OK伴唱機，讓愛唱歌的他們可以歡唱。兩人合唱了一首日語演歌「愛你入骨」，太太跟著哼唱，因做過氣切，嗓音粗嘎不成調，但大家都很開懷。只是整晚劉太太閉緊雙眼，似乎無法睜開。

劉董說，太太身體大有進步，可惜生活太無聊了。我提議介紹我的舞蹈老師給劉太太，劉董連聲說好。後來聽說，過去歌舞俱佳的劉太太很愛欣賞老師的舞姿。老師則教她唱歌，劉太太不但歌聲變好了，吞嚥功能也大有進步。

進展！如今她對答自如，會唱歌，眼睛也能睜開了！

前陣子我們又一起聚餐，席間劉董的兒子跟媽媽打趣說：「妳的兩個孩子，妳喜歡哪一個？」劉太太笑答說：「一個英俊一個可愛，我都喜歡。」她已能對答自如。最讓我這個整形外科醫師好奇的是，她原本只能緊閉的眼睛居然張開了，我忍不住請教劉董如何做到的，因太不可思議。

劉董說，他找了一位眼科名醫。名醫說，劉太太若要做白內障手術，要全身麻醉，怕她身體承受不起。劉董沒有放棄，只要名醫有空，他就推著輪椅帶著太太去「糾纏」名醫。名醫只得認真地替他太太點藥水，沒想到三個月後，太太的眼皮還真的能張開了。

現在劉太太一周有兩天住在女兒家，舞蹈老師會去女兒家教她唱歌；兒子媳婦也都貼心。活在丈夫和兒女的悉心照料中，那個曾經用指甲掐丈夫懲罰他不該救她的劉太太，如今已改口說：「幸福的生活又回來了。」

激勵我的學習榜樣之二

七十多歲學長，重訓鍛鍊體力，善用專業照顧病妻

我的第二個榜樣，是當年和我們同去沙烏地阿拉伯醫療團的台大醫科學長

和他的太太。我們是在大安森林公園散步時重逢的。學長的太太已從護理長職務退休。那天她走路一拐一拐的，愁眉不展。未久再次偶遇時，太太走得比較好，但步態依然不順。後來有很長時間沒有見到他們夫妻。據說太太還有脊椎疾病、髖關節問題及巴金森氏症。

學長說，太太一向自己就醫用藥。直到她的病情控制不佳時，他才認真介入，發現太太服藥沒能注意巴金森氏症會有「藥物波動」特質，即用藥時間如果不夠精確，會出現有時行動如常，有時動彈不得的狀態。這也就是我遇見他們時，太太狀態時好時壞的原因。學長接手替太太算好時間吃藥後，也常陪在身旁讓她不懼怕，陪她運動及聚餐。沒多久他太太重新精神飽滿地現身，大受旁人肯定，更有信心，樂趣也增加，身體更健康了。

七十八歲的學長已退休但精神抖擻。我問他：「學長怎麼變壯了？」他說，當意識到需要照顧太太時，他開始鍛鍊體力，參加社區的重訓課，周六、日帶著太太去大安森林公園健走。最近我們又在公園巧遇，護理長太太穿著白底粉紅花的衣裳，一身喜氣且精神奕奕，我們開心聊了好久。

我有我的期望，不會輕易放棄

我見證這些出色的照顧者，如何費心調動資源來照顧心愛的家人。健康的時候，家人照顧我們，家人生病時，劉董就用他的財力、人脈和腦力想方設法，替太太張羅最好的醫療資源。而我的學長，也許不是有錢人，但他善用醫療專業，也讓太太的健康及精神漸復往日風采。

受這些故事激勵，我決定要用一生儲備至今的所有資源照顧我先生。請不要再告訴我：「不要有過分的期望」，也請不要對我說：「這個病就是這樣」。我有我的期望，我是不會輕易放棄的。

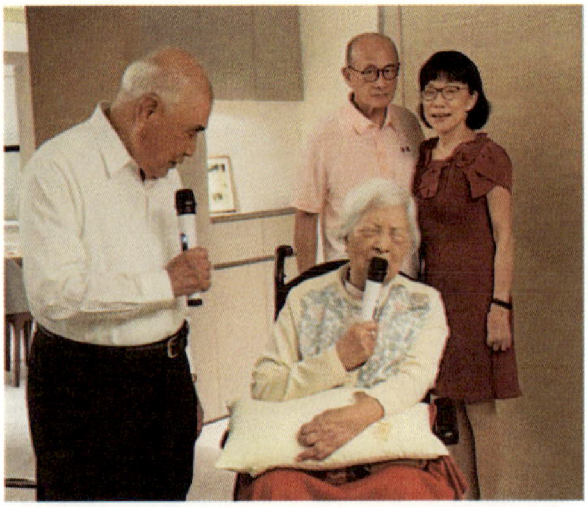

摩卡咖啡董事長劉文舉，是林靜芸眼中的照顧者楷模。

第二個女兒

——照顧「阿公」，我沒有見過阿迪生氣，即使是讓人沮喪的場面，她依然歡天喜地

如醫師所預見的，很快地，我不得不找幫手了。但彼時正值疫情高峰期，非常缺外籍看護工，申請到巴氏量表六個月後，還是請不到人。只能申請居服員來家裡協助，多數的照顧工作，仍要親手操持。

深深的挫敗感幾乎擊垮我，我常整天以淚洗面

照顧者是全天候的工作，我要為我先生沐浴清潔，送他上床睡覺，還得跟蹤當時愛遊走的他，台北走遍遍。我願意整天跟他綁在一起，只是深深的挫敗感幾乎擊垮我。為他洗澡時，力氣依舊的他大手一揮，我就應聲倒地，摔得一身傷，仍舊無法洗好澡。我常整天以淚洗面，他見我哭依然會柔聲安慰我：

「妳怎麼了？」見他什麼都不記得，悲從中來，我哭得更傷心了。

他忘記是什麼事讓我哭泣，但一定感受到我的無助與悲傷。那段時期，早晨常見他躺在床上，緊閉著眼睛，緊閉著嘴巴，不理會我的呼喚，不肯起床。我想，那時的他是多麼不想面對每一天。

直到一位鄰居伸出援手，一切才得以改觀。這位鄰居是一位外籍看護，她許是看出我的難處，說想帶個當看護的印尼朋友給我看看，她朋友的雇主過世，所以被釋出，如果無人接手，朋友可能會被遣返。疫情期間外籍看護炙手可熱，一釋出就會被搶走，但鄰居說，這名印尼籍看護「沒人要」，「猜想你應該也不會想要。」

我意外撿到一個寶！看護「阿迪」來了

聽鄰居如此說，我心中難免忐忑，但我自知再不找幫手，恐怕很難撐下去。所以就約時間面試。第一次見面印象果然不太好。她比約訂的時間遲到很久，而且衣著隨便。

她那張黑亮圓臉上，有一雙大眼睛，話不多，從頭到尾臉上都掛著笑容。她要求的薪水比市場行情高不少。我看出來，她為何不被其他雇主青睞。外形不討喜外，還一味坐著傻笑，看起來笨重不太會做事。

我難掩擔憂，但缺幫手的壓力，讓我沒有選擇，只能先試試看吧。旋即對她說，請她明天來上班。她被我的爽快嚇了一跳。原來，她猜我應該也不願意雇她，她已打算去安養院當看護了。

她就此住進我家，我們喚她「阿迪」。沒想到，我竟意外撿到寶。之後很多人羨慕地問我，去哪裡找到這麼好的看護，我都老實說，是撿來的。

年近四十歲的阿迪，在家裡叫林芳郁「阿公」，叫我「阿嬤」，我都跟人家說，她是我家的「二女兒」。她剛來時，我先生還很會說話，曾打趣說，阿迪長得大頭大腦，又胖又壯，就算不坐電梯直接跳下樓，應該也沒問題。

初期，還有一位居服員固定來家中幫忙。這位居服員習慣強制性的照顧手法。我先生洗澡時如果不肯脫衣服，他會從背後壓制，用蠻力硬脫掉衣服，然後開始強迫沖水洗澡。

阿迪的「長輩降伏術」，化解洗澡穿衣等危機

阿迪看了就警告說：「你們不先跟阿公講好，就給他脫衣服，阿公會打人哦。」居服員不為所動，強逼我先生就範，果然就像阿迪說的，被打了。

阿迪採取截然不同的策略。她先跟我先生說：「阿公，我們來脫衣服好不好？」阿公當然說「不好」。她接著在旁邊一直笑著說：「哦……阿公不喜歡脫衣服，阿公阿公我們不要脫，我們不要脫、不要脫……。」就像在幼稚園跟小朋友玩一般，不斷跟我先生嘻鬧重複念著：「我們不要脫衣服哦，好好笑，我這個阿公不脫衣服……」，非常有耐心且永遠笑容滿面。

沒想到，這看似無厘頭的哼唱嘻鬧竟然奏效了，不僅化解洗澡危機，我們家的阿公又會自己穿脫衣服了。除了這個非凡的成就，阿迪還很會示弱請求我先生的幫忙。她最常掛在嘴上的話是：「阿公，你幫忙好不好？」不知她是如何找到這個竅門開關的。我先生原就樂於助人且好勝心強，所以只要聽阿迪說：「阿公，你幫忙站起來好不好？」阿公就肯站起來了。

有時臨出門，我先生不知何故，坐在椅子上就是不肯起身。阿迪就對著阿公很尊敬地說：「長輩先，長輩先。」然後要大家都不能動，要等到阿公站起來，「長輩先，長輩站起來，我們才可以跟在後面走。」聽她如此不停重覆念著，我先生真的就會站起身，儼然長輩模樣領著我們出門。我在歎服之餘，一直想問阿迪，她是從何處學來這樣的長輩降伏術。

阿迪是個照顧天才，遇困難能應變。她幫阿公洗澡時，還是可能遇到阿公鬧脾氣，大手揮來，重心超穩的阿迪照樣摔倒在地。有時阿公氣呼呼地坐在地上，狀況棘手，除了要確保自己不受傷，還得設法從溼漉漉的地板上把阿公扶起來。這時她會扮演弱者大聲請求：「阿公，你扶我起來，阿公趕快，你扶我起來。」天性愛助人的阿公趨前要扶她起來，她這才站起來，順勢把阿公也拉起，巧妙地化解僵局。

最難能可貴的，我沒有見過阿迪生氣，即使是讓人沮喪的場面，她依然歡天喜地，並把這樣的正向情緒傳遞給每個人。

阿公偶爾意外尿得一地，阿迪會像幼稚園老師般笑著叫嚷：「太好了，淹大水、淹大水了，好幾天沒有下雨了。」一件別人可能會嫌惡或厭煩的事，被她弄得好像中大獎了。有時阿公便秘多日後，終於解便了，她也興高彩烈地報喜說：「今天一條又一條、又一條，好棒呀。」所有的照顧瑣事，都被她弄得趣味盎然。

阿公有一點恐慌症，容易心神不寧。常常我看完診回家，會看他和阿迪比肩坐著看電視。阿公整個人放鬆地歪坐在沙發上，肩頭半倚在阿迪厚墩墩的肩上，很有安全感的模樣。兩人四眼專心看著電視，嘴巴微張，非常溫馨。阿公應是感受到且享受有阿迪陪伴的安心感。他們最近常一起看韓國實境節目，有個國民大廚師到處去教人煮菜做飯，兩個人常看得笑哈哈。

當初看似缺點的如她太粗重，如今反成為一大優勢。阿公有時起身走路不穩，在身強體壯的阿迪攙扶下，很少跌倒。兩人也曾一起跌倒，七十五公斤的阿公壓在一〇三公斤的阿迪腳上，幸好兩人都毫髮無傷。

她愛講話，阿公被訓練得很會用形容詞

她有男生般的體格，也兼有女生的靈巧體貼。我家對面是個公園，兩人會上頂樓看風景，她帶阿公數路過的車子數量。她常動腦筋訓練阿公的腦筋，我先生的認知很幸運地沒有退步太快，有時還能看到進步，這對失智者來說，實屬珍貴。**阿迪愛講話，阿公被她訓練得很會使用形容詞。例如問他：「要不要去小便？」他會答說：「應該有」。我們就明白該帶他去上廁所。**

阿迪很容易快樂，有一天她大聲叫我：「阿嬤！阿嬤你看！」我以為發生什麼大事，只見她指著窗外說：「你看那個電線桿上面，有五隻小鳥耶。」她還有不少生活小智慧，使平淡的生活變得有滋有味。人家送我很多檸檬，從新鮮吃到檸檬變乾了，她把乾硬的檸檬變成檸檬乾零食。**因為有她，我們的生活，也漸漸由酸轉甜了。**

阿迪就是有辦法與「阿公」連線

——唯有重新連上網，失智者才能聽得懂，才願意好好吃飯、睡覺、上廁所

阿迪來我們家四年，變成我們家的「二小姐」。過去我們兩老會在家裡盼著兒子女兒回來，陪我們吃飯或帶我們出去玩。雖然心裡也清楚，他們正值人生最忙碌的階段，期盼仍難免帶著怨懟。

自從有了阿迪這個二女兒，多了一個新家人，我們得以獨立自主，開發新的興趣。**我們三個人已形成能自立自足的新組合，在她的陪伴下，我們恢復了行動力，想去哪裡吃飯或去哪裡玩，說走就走。**

有她陪伴，年逾七十的我，還能帶著先生一起出遊

我們這三人小組，就像父親加母親和一個女兒。阿迪會看家中訂的聯合

報，其中的元氣周報會報導旅遊新景點，她會問我：「阿嬤，這是哪裡？我們去玩好嗎？」然後我們就真的去玩。她還剪下報紙上的炸雞漢堡披薩等優待券，我們就去買來吃。因為有她，年逾七十的我，還能帶著先生一起出遊。我們三人出國去日本、韓國玩，也能去澎湖、台中和日月潭等地小旅行。

阿迪是穆斯林，因她我得以認識回教，從她身上學會欣賞這個陌生的信仰。她很誠實，我如果給她錢說，這是給她和阿公出門花用的，她絕對不會亂花。不是放在她皮包裡的錢，如散落在桌上的錢，她也絕不動一分一文。她說，這是媽媽教的。

想加薪時，她會坦然地跟我提要求。她自己從不說謊，也要求我不能說謊。有次一位朋友打電話來約我出去吃飯，但我想待在家裡陪先生，就謊稱肚子不舒服。我二女兒在旁聽到了就責備我，不可以說謊，「阿拉會生氣」。結果沒過多久，我的肚子還真的痛了起來。

我年輕時，曾隨著沙烏地阿拉伯醫療團在國外當了一年「外勞」醫師，很能體會必須把孩子留在家鄉，自己到外地打工賺錢的不容易。我的經驗是，當我們請外籍看護，必然是需要她的幫忙，所以理應善待她們。我們如果待她們如家人，她們也會盡其所能幫助我們。我這二女兒就是最好的例證。

起初我也不想請看護，一直以為自己有辦法

我待阿迪如女兒，她也知道我真心疼她，她對我亦如家人。每天我回到家，她就不停地吱吱喳喳跟我報告一天大小事，告訴我樓上樓下鄰居發生什麼事、有人把酒瓶丟到前面公園裡⋯⋯。我如果太忙，錯過了愛看的連續劇，她還會幫我看，再跟我補述劇情，方便我連戲接著看。

很多人不想雇外籍看護，因為不希望家裡多一個外人。坦白講，起初我也不想請外籍看護，我一直以為自己有辦法。

我曾讀過一位社會局長寫道，母親失智是上天賜給他的世紀大禮物，讓他得以認識失智，並幫助別人。我很有同感，我由衷感謝，尤其有了二女兒後，我們一家才能夠走得這麼遠。我們三個人組成的家庭，真的很幸福。

那時每天早上，我先生醒來，二女兒就來跟他請安，她叫一聲「阿公」，阿公睜開眼睛，就能看到阿迪大大的眼睛，正在對他微笑。家裡整天都充滿阿迪的笑聲，讓我也忍不住跟著她笑出聲。

我們愛阿迪，也愛她的家人

去年八月我接受邀請去印尼，代表整形外科醫學會去印尼重建美容外科醫學會（InaPRAS）年會發表專題演講。我會答應這個邀約原是為了阿迪。她已經多年未返回印尼，非常想念家人，所以我們就計畫三人一同飛去印尼，她返鄉探親，我去演講，阿公跟著去玩。不料臨出門前，我先生身體有些狀況，考慮當地的醫療條件，我們不敢冒險，最後只好我一人依約前往。

我們愛阿迪，所以也愛她的家人，尤其愛她最掛念的兒子。我幫她帶去給她家人的禮物，還與她丈夫、兒子聚餐。我向她兒子轉述阿迪的話：「媽媽很想念你們，媽媽在很遠的地方工作，是為了家人。」今年五月，離家十二年的阿迪回印尼與家人團聚，臨行前與新看護仔細交接，讓我很感激。

用過往的語言或表達方式，失智者無法理解

回想照顧來時路並自我檢討，我先生以前那些不講道理甚至動粗的行為，其實是失智症影響他的腦部，使我們之間的溝通「網路」斷線了，他聽不懂我們說的話，我們也不懂他在想什麼。幸運有了二女兒，她就是有辦法和他接上網路，溝通順暢。阿迪理解林芳郁曾是位了不起的人物，也看出他現在無法說出口的需求，才能成為如此稱職的照顧者兼陪伴者。

所以，照顧者或許可以這樣想像：失智使病人的腦電波頻率改變了，要跟失智者溝通，我們得努力調到和他一樣的波長頻率。重新連網的方法，或許是放慢步調，或許是更有耐心，或許是設法理解他，或許是細緻體會他的需求，還有再加上永不止息的笑容和愛心。

重新學習與失智者「心靈相通」

唯有重新連上網，失智者才能聽懂我們的話語，才願意好好吃飯、如廁和睡覺。照顧者如果堅持用過往的語言或表達方式，失智者就是無法理解，雙方陷入沒有出路的困局。

當人們談論失智者時，常常會說他們逐漸變得像孩子。然而，即使尚未學會言語的嬰兒，也能通過揮動小手或展露笑容，來表達他們的喜好或渴望被誰抱。這些動作和表情，是心靈深處的語言，我們要重新學習讀懂這種語言，重新與失智者心靈相通。經由這樣的溝通與努力，不管病情如何，我們仍得以向他們表達不會消逝的溫暖與關懷。

我這樣照顧我先生之一

——失智就像外星人被迫來到地球，無法與人溝通，也不曉得身處何地……

我先生被診斷為失智症後不久，就突然發生譫妄。他變得很狂亂，只要門一開，他就往外爆衝，我緊跟在後拚命追趕，卻發現他茫然沒有目標。勉強待在室內，他會不停去廁所和洗手，無法坐下也無法躺下，站立時也不安焦躁到一分鐘也無法平靜，一直在慌亂地找出路。有時整天躺在床上不吃不喝不說話，死盯著天花板，眼睛眨也不眨一下。

失智合併譫妄，若不及時治療可能危及性命

無計可施，我二十四小時寸步不離守著他，那時他唯一認得的是我的臉孔，只有我餵他吃飯，還肯勉強吃一兩口。他不吃也不睡，我想辦法把他騙

到床上，再整個人趴在他身上，用我的體重壓制他，並不斷對他說：「不要害怕，我在這裡。」他才能睡一會兒。

帶他去就醫，醫師的診斷是失智合併譫妄，並馬上收治住進精神病房，我跟著他在病房裡住了五天四夜。我查了書才知道嚴重的譫妄很像躁鬱症中「躁症」的極致表現，是腦神經放電放到極致，病人長時間緊繃焦躁不安，如不及時治療，可能危及性命。

直到很久以後，我才恍然大悟，這分明就像一個ET（外星人）被迫來到地球上的處境。他突然發現無法與旁人溝通，也不曉得自己身處何地，只能困惑慌張地設法找出路。找到筋疲力竭，最後絕望了或放棄了，才會躺在床上瞪視天花板。待他醒轉，就又想衝出門找尋生路。對他來說，這根本是求生殊死戰，怎能不拚命。

住進精神病房後，他的症狀改善，可是只要醒著，就要求我帶他去護理站出口處，固執地站在門禁玻璃門前往外望，等門打開。我陪著他，像兩個等不到爸媽來接的安親班小孩。

住院時醫師要他每日服用二十顆精神安定藥物，吃到他意識不清。我覺得這樣不行，帶他出院，回家自己照顧。那時雖有居服員到家幫忙，但我很快陷入兩難，無法同時兼顧我先生和診所工作，我在診所時很記掛我先生，在家時又擔心病人。

閱讀相關書籍，尋找可參照的照顧經驗

我的診所和住家相距八百公尺，中間有個大路口，一有狀況家裡打電話來，我立即跑著趕回家，年過七十的我常在那個大路口奔來跑去。有一次，我心急沒有注意還未變綠燈，就要衝過馬路，差點撞上一輛疾駛而來的機車，幸而騎士及時煞車，他大罵我：「妳找死呀！」我才驚覺，不能再這樣下去，我得活著才能照顧我先生。

還好那時找到一位很棒的外籍看護，也就是我二女兒阿迪，我終於可以有點時間沉澱及自我檢討，思考未來的照顧長路。我找了很多書來讀，希望有可參照的照顧經驗，其中有兩本書讓我印象深刻。

一本是《照護的靈魂：哈佛醫師寫給失智妻子的情書》，由美國哈佛大學精神科醫師凱博文所著。這本書記錄了他妻子瓊安罹患早發性失智症並失明，十年的照顧經歷。瓊安發病前是很有成就的漢學家，失智症使他們的生活巨變。

尋求其它照顧資源，讓雙方都有喘息機會

原本享受妻子無微不至呵護的凱博文，要重新學習成為照顧者，要打理瓊安所有生活細節。到瓊安病情日益嚴重，他為了出門工作，請來一位居家護理員照顧瓊安。瓊安剛開始暴怒拒絕，到後來和居家護理員形影不離。書中提及，**應適時尋找其它照顧資源，不僅對失智者好，主要照顧者也才能得著喘息，繼續發展自己的事業或養家活口**。只是本書的結局，是作者不得不把太太送到安養院，讓我很悲傷。

書中還提及，即使像瓊安這樣出色的學者，失智後和丈夫朝夕相處，仍然如凱博文所寫：「對於內在的自己究竟發生了什麼狀況，她一個字也沒有對我說，雖然她有時候會對我抱怨她覺得暈眩，另一種表達方式則是說覺得不舒服。隨著失智症的惡化，她愈來愈無法精確地表達自己的感覺。」讓我對未能及早探知我先生的感受，稍稍釋懷。

另一本書《謝謝你，從阿茲海默的世界回來》是由日本作家荒井和子所寫，記錄她先生身為一位醫師罹患阿茲海默症後，為了避免面對熟人的不自在，家人決定搬家。意外的是，搬家後，醫師因膽囊炎接受手術，手術竟成為

他康復的關鍵轉折點。在適切的醫療與家人的支持下，他逐漸恢復記憶和生活自理能力，重拾對生活的熱愛。

我讓先生按時就寢、盡量不變動生活環境

我從荒井和子女士學習到兩點。第一點，阿茲海默症是可逆的。他先生阿茲海默症惡化，可能和膽囊炎、憂鬱症有關，等到疾病治好後，他的阿茲海默症也緩解了。**這意謂著如能改善病人的身體狀況，那也可望連帶改善阿茲海默症；相反的，有任何疾病都會讓認知更退化。這個發現，讓我覺得彷彿有陽光照耀，並有了信心。**

第二點，她讓丈夫每晚九點上床睡覺。九點到十一點她就能有自己的時間，可以寫日記並出版這本書。我也模仿她，讓我先生九點就寢，現在每晚我有兩個小時能安然讀書。

但有一件我不敢比照辦理的是搬家。我認為，對失智者，應該盡量不要變動他熟悉的生活環境。他的心智狀態已經像E.T.意外降落在地球，再隨意變動環境，可能會使他更混亂吧。

我這樣照顧我先生之二

——經過這樣的親身實踐，感謝老天爺讓我先生仍能好好地陪著我，也還認得我是誰

讓他活在「快樂」中，才是照顧的核心指標

在讀完激勵人心的書籍後，我靜下心來思考，做了兩個決定：

第一，要修改照顧策略。幾乎我看的每一本和失智有關的書，都提到同樣的結論：任何藥物，都比不上行為治療。

第二，我問自己：「到底要不要好好照顧這個人？」坦白講，如果好好照顧，一位失智者有機會活十幾二十年。但如果隨便照顧，那病人可能很快就會因各種原因過世。

我自忖一生之所以能夠成為現在的我，我先生絕對是我的伯樂。他是這個世界上，我唯一的寶貝。沒有懸念，我決定要好好照顧他。

我繼續自問，他如果意識仍清醒，會期待我如何照顧他？他當初因為我總是很活潑很快樂才娶我。所以我確定「快樂」才是照顧他的核心指標。

至於要如何讓他活在快樂中，作為一位醫師，我認為好的照顧得落實在「吃喝拉撒睡」這幾件基本生活要求。也就是吃喝得好、睡得著、拉得出來，加上每天運動。至於藥物，該吃的吃，能不吃的就不要吃。對於提高認知功能的學習活動或是上日照中心，願意去就去，不願意就算了。在生活中也能設計融入很多學習活動。

就這樣，我篤定地擬定照顧策略和執行計畫：

第一項是飲食：原形食物是最好的選擇

許多好心的親友推介各式健腦食譜，比如有一道是人參煮五穀米，我一聽就放棄了，畢竟烹飪非我專長。不如掌握幾個大原則，我歸納出「地中海飲食法」及「得舒飲食法」尤為可取，前者能協助對抗失智症，後者適合高血壓病人，因為我先生有些微高血壓。這兩種飲食有共通點：盡量不吃加工食品，多食用水果、蔬菜、豆類、低脂肪蛋白質、全穀物、堅果和種子。

像今天早餐，我先生吃一個歐式雜糧麵包、一顆蛋，還吃了四種水果。包括四小片柚子、一小顆紅柿、一小根香蕉及一點點火龍果，水果種類多、顏色繽紛多彩但分量不大。本來還有牛奶，因他最近體重超重才省略。

如果經濟負擔得起，自然可以吃得更營養豐富。**但依我的心得，原形食物正是最好的選擇，費神置備特別飲食可能適得其反。**

我先生剛生病時胃口不好，我不知哪來的靈感，竟把他的三餐食物都弄成糊狀，裡面有各種營養。結果他都指著要吃我的飯菜，不願意吃自己的糊狀健康食物。我才發現，他很喜歡咀嚼，而咀嚼對於吞嚥功能、營養吸收、甚至認知功能都大有助益。於是他很快又回復吃正常飯菜。若非有特殊營養需求，應儘量給失智者吃他以前慣吃的食物型態，讓他多咀嚼。

第二項是睡眠：白天大量運動，晚上安然入睡

我的表姑丈罹患失智症後，總是白天睡覺，晚上就精神抖擻地在家裡走來走去，我的表姑晨昏顛倒照顧，不僅得了憂鬱症，還很早就去世了。

可見睡眠對失智者和照顧者都同等重要。所以，我安排我先生白天規律且大量的運動，確保他晚上能安然入睡。我先生的運動課是每天風雨無阻的。九點出門，在二女兒及「旅長」陪同下，天氣好就去陽明山大屯山自然公園或二

子坪等步道。近年夏天很熱，時不時有暴雨，就改去松山機場附近，遇雨還能躲進機場室內景觀步道看飛機起降。也去台北一些捷運站附近綠廊道，例如雙連到北門捷運站長長的地下走道，既明亮平整還有冷氣可吹。

他們一行三人在外運動「流浪」到中午，回家都滿身大汗，晚上九點準時上床倒頭就睡，一覺睡到清晨六點。運動果真是最好的安眠藥。

第三項是排泄大事：幫他養成規律的習慣

我願意在本書分享這個理應很私密的事，是因為這事對照顧失智者至關重要。我很感謝二女兒，是她幫助我先生養成規律習慣。每天早餐後，我先生在家裡走動五到十分鐘，二女兒就引他去廁所坐馬桶，耐心地陪他說話，講東講西，反正一定要等他完成排便大業，才會離開廁所。

規律且好好完成排便這件事，才能達到病人、照顧者乃至全家都皆大歡喜。我們即使安排出門或出國，也必定把行程安排在九點之後，就為了配合他的排便時間。

我對我先生和其他失智者的觀察，一定要盡最大努力確保他們在廁所排便。如果在不對的地點排便，他們會很慌亂，甚至不清楚那是排泄物，有些失智者弄得滿手滿身排泄物，旁人不解，他們自己可能更驚嚇。如果便祕，失智者苦在心裡說不出那個難受。像我先生，每次完成大事從廁所走出來，臉上就滿是成就感的笑容。

至於另一件排泄大事「小便」，經過訓練和對他的仔細觀察，他多數都能表達並去廁所小解，不會失禁。

第四項是運動：上午出門運動三小時，下午看電視

有人主張，失智者早上和下午都應運動。但我先生只有早上出門運動三個小時後返家吃午飯、洗澡。因為運動量足夠，他常是吃完午飯就快睡著了。為避免午睡太久影響晚上睡眠，以前只讓他在躺椅上小睡一個半小時。後來因腳有點腫，也會讓他上床睡。

午覺後，下午是他的電視時間。他愛看電視新聞，例如，柯文哲是他在台大醫院的舊識，他會很認真看柯P的新聞。

至於用藥，剛開始很多醫師給他開了很多藥，如今減到只剩一顆降血壓藥。他血壓多半正常，常常還可以停藥。有時有些症狀，醫師會開相關藥物，也是吃一段時間即可停藥。

關於他的認知功能，我們曾特別找有相關專長的老師，來教他玩桌遊或動手做，最後都因挫折感告終。倒是他從年輕時就愛看報紙，現在仍常看報。不管懂不懂，我鼓勵他繼續看報。現在任何會讓他挫折的事，皆不強求了。

「旅長」陪伴運動，激發我先生服役時的熱血精神

每天陪我先生一起出門運動的「旅長」，是一位退役少校。旅長除了陪同爬山健走，還利用公園裡的運動器材，設計體能訓練。可能我先生對當年從軍中光榮退役仍有強烈記憶，又感受到旅長的軍人氣質，兩人很能「聊天」，你一言我一語說個不停，有時還會「鬥嘴」。旁人可能聽不太懂，但能這樣溝通已屬難能可貴，讓人欣喜。

我是經朋友介紹找到旅長，他每天來幫忙半天，就像一般到宅居服員。我拜託他要以旅長的身分，並以操練新兵的態度來要求我先生。我也慎重其事地跟我先生介紹並強調他是一位「旅長」。

這樣的安排果真奏效。旅長要求我先生時，例如要求他「立正站好」，或者要做幾次練習等，我先生真的會一個口令一個動作服從配合。這樣帶著軍旅風格的例行鍛鍊，意外地適合我先生，猜想，應是激發出他年輕時服役的熱血

心情。

我很坦誠地分享照顧經驗，都是我試錯修正、驗證可行的，也考慮到人力和花費上是能長期維持的模式。**讀者可以依實際狀況，彈性調整。例如，一位外籍看護搭配一位計時薪的長照居服員，預約計程車或搭捷運代步，就能安全地陪失智者出門健行散步三、四個小時。主要照顧者就能工作或稍獲喘息。**

經過這樣親身實踐，感謝老天爺讓我先生仍能好好地陪著我，也還認得我是誰。祝福正在讀這本書的讀者，能從我的方法得到一點參考價值，也希望我的現身說法或能像微光，能鼓勵到你，陪你篤定向前行。

一定要出門旅遊

——旅遊讓我先生進步了，依醫師的說法，是旅行會增加認知功能的刺激

在我們的文化中，照顧家人往往充滿責任感。場景多是病人躺在床上，我們幫忙餵飯、給藥換藥、幫助他們上廁所。在急性期，我們扮演著小醫師或小護理師，延續治療工作，希望幫助病人早日康復。

把「旅遊」放入照顧計畫，一切都改觀了

然而，當疾病成為無法治癒的慢性病，我們的照顧想法應有所調整。此時，重要的已非治療，而是創造一個充滿愛與關懷的環境，提升病人和照顧者的生活品質。這不僅能讓被照顧者感受到更多愛與溫暖，也能讓照顧者找到成就感。

我先生剛發病時，我好像走進漫長看不到盡頭的隧道，見不到一點光，因為每個人都悲觀地對我說喪氣語：「這病就是這樣子」、「你要盡早看破」、「要想開點，否則無法走下去」云云。

可是，當我們把「旅遊」放進照顧計畫時，一切都改觀了。似乎為長照的日常引進活力及清新的空氣，團隊有了截然不同的期待。

對包括我在內的照護團隊來說，「旅遊」已變成特別重要的事。心中懷有某天要出門玩的願望，大家更齊心努力，要讓我先生的身心狀況，達到能出門、能走動、能進食，還要能坐飛機。有了共同目標，即使面對挫折，我們也能互相打氣，一起回憶過往旅遊時的經歷：「上次阿公發生類似的狀況，我們是如何度過的。」

訂出團隊出遊的SOP

我也參考別的照顧者帶失智者出遊的經驗。例如大陸作家陸曉婭曾寫她的失智媽媽總吵著「要回家」，所以她帶媽媽回老家省親，那旅途看起來是椿此生難再的重大工程。但是我們照顧團隊經過幾次出遊實驗，已操練出一個可行、可複製的旅遊SOP，或許值得和大家分享。

首先，我們設定目標：每三個月出遊一次。這意謂著，前次旅遊剛結束不久，我們就開始思考下次要去哪裡玩了。

第一次試點，是跟著親友團去日本。我先生剛生病時，碰上疫情，只能足不出戶，整天悶在家裡。疫情解封後，我們夫妻倆在二女兒阿迪的陪同下，參加了全是親友的旅行團，去日本的河口湖一遊。

旅行團是我發想設計的，參團的親友形同「中計」，不得不參與我們的照顧之旅。為配合我先生的節奏，我將每天行程都安排得很鬆散悠哉，景點很少。親友團也耐心愛心配合。我先生要上廁所時，遊覽車趕快下交流道找休息站，全團的人就跟著一起上廁所。

河口湖的經典行程是搭遊覽船欣賞富士山美景。大家魚貫到登船處準備登船時，我先生突然說什麼都不肯上船。只好由我、二女兒及小姑留在岸邊，陪著我先生在湖邊散步。

到了東京晴空塔逛街時，我想帶我先生買雙鞋子，但是到了鞋店，他堅持不肯買鞋，也就只好順著他作罷。**旅途中出現不少類似的突發狀況，但事後回憶，還是回味無窮**。這次的親友團旅行，給了我們信心。

很巧合的，每天都來陪我先生運動的旅長的太太，對旅遊規畫很有經驗，我就請她權充導遊。每次決定目的地後，旅長太太就提前兩個月，把當地的交通食宿和行程訂好。我們不跟旅行團，採包車方式自由行。

行前十天左右，我們開始整理我先生的出門必備物品。比方說，要多帶幾件褲子衣服，還要備好必須的藥品。例如有一陣子，我先生有褥瘡，旅行中仍要換藥。為了萬全起見，料敵從寬，很多東西都要有備份。例如我先生是能走路的，但為防萬一，我們也會把輪椅帶上。

只要一旅遊回來，就發現他有進步

就這樣，我們夫妻倆，加上旅長夫妻，還有二女兒阿迪，一行五人，帶著不少的行李，浩浩蕩蕩開始我們的旅行計畫。

奇妙的是，只要旅遊回來，就能觀察到，我先生一定會有進步。那些進步不一定很明顯，有些還很細微。但依他的情況，再小的進步，都足夠讓照顧團隊喜出望外。

旅遊讓我先生進步，依醫師的說法，是因為旅行會增加認知功能的刺激。例如在家吃飯，飯菜變化不大，我先生有時不肯拿起筷子。出門在外，每餐菜色新奇多變，他不但自己端碗拿筷，飛快吃完自己的餐點，有時欲罷不能，還

吃起別人的餐點。

不要認為這樣的照顧旅行團要花費天價。我們會編列預算表，加上旅長太太規畫執行得很好，很少超支。我們在旅館吃完訂房附送的早餐，十點才出門，省略午餐，晚餐吃得早，一餐飯依預算五個人約四千元。但有一次，我們在韓國，旅長太太帶我們去一家網紅餐廳，大家很興奮，點了很多菜，吃得很開懷，餐費爆增達到預算的兩倍。看到帳單後，旅長太太一直跟我道歉，我誠心誠意地安慰她，大家吃得這樣盡興，就值得了，「我跟阿公，一生省吃儉用，現在出門玩多花一點，也是應該的。」

經濟考量，可從國內旅遊開始

有人可能認為自己規畫行程並包車，太奢侈了。我認真算過，與參加旅遊團相比，自己包車玩並不會貴太多。假如跟團出國五天，一人團費兩萬五千元，那包車自助旅行平均每人約三萬七千五百元。何況跟團的費用近來節節上漲。如果在國內旅行，花費更節省。

假若經濟狀況允許，我推薦可如此安排旅行：在國內出遊兩、三次後，搭配一次國外旅行。在國內旅行的難度和花費都比出國低，且旅館、餐廳及無障礙設施等水準都不差。如果出國真的有困難，不妨可從國內旅行開始。

我們的經驗，包車旅行，會給長照家庭很大的安全感，不但機動性強，且能完全配合被照顧者的步調來調整。例如，早上就算我先生上廁所或吃飯速度慢一點，我們就晚點出發，不必擔心影響同團的進度。好玩到不想走時，多作停留也無妨。

我先生之前去過一家號稱五星級的日照中心，但他無法適應到班上課的模式。我曾半認真半開玩笑地對旅長夫妻說，等我退休後，我們一起來開「長照安親班」吧。來安親班的長輩同學不必上課，而是派車子接他們出去玩。上午玩累了，吃完午飯稍作午休，然後下課回家。我想，應該會大受歡迎吧。

定期旅遊改變了長照的面貌，至少它不再被定義為「走向墳墓的過程」，每天的生活也有了不同的期待，有了快樂的曙光。失智者的照顧，不應該只是管好他的吃飯睡覺、不要吵人，然後等他有一天生命自然結束。

回看這兩年來的旅程，經歷不少突發狀況，但每一段回憶，都是那麼珍貴。無論河口湖邊的散步，還是在香山落日的相視合影，點點滴滴都銘刻在我心。**即使身處長照歲月中，有了旅行，還是能有遠方及如詩般的美好記憶。**

曾經，我倆好像手拉手站在懸崖邊

——有時悲從中來我抱著他直哭，他也緊抱著我問：「你為什麼哭了？」

我分享自己的經驗，是想給照顧者打氣。在長期照顧這件事，親情和愛心固然重要，然而也應衡量個人的優勢與角色。身為醫師兼照顧者，我也曾有脆弱無助走到盡頭般的時刻。

我先生剛發病時，醫師診斷是「廣場恐慌症」，並非失智症。醫師說，曾嚴重跌倒傷及腦部者有時會發生這類恐慌症，特別是去人多或陌生地方，病人會恐慌想要逃跑，有的人甚至不肯出門。

考慮他之前確曾嚴重跌倒，診斷聽起來很合理，我們就把他的諸多不對勁歸因於所謂廣場恐慌症。慢慢地他開始顯得不安，他去醫院上班沒問題，但如去生疏場合，我必須在旁陪伴，他才能安心待著。否則我前腳才走，他後腳就會跟著離場，完全不管不顧那是多重要的會議，或有多顯赫的人物出席。而他明明是一個見慣大風大浪的人呀。

剛開始，外出時我是他的定心丸

那時正值新冠疫情中期，亞東醫院是雙北防疫重鎮，他常要以院長身分出席許多公開活動，例如病人遠距看診啟用儀式，例如新北市長侯友宜到醫院視察疫苗施打，林芳郁須在眾多記者面前示範接種疫苗。這些重要時刻，我都會在場，默默站在他目光可及之處，作他的定心丸。

只要他需要，我總設法陪著他，有時還是分身乏術。有一天，我必須去台北的南港展覽館參加整形外科醫學會，當天我既是演講者，也是另場會議的座長。同一天，我先生得去台南一場醫學會當座長。一早我先搭高鐵送他到台南會場，再搭高鐵北返趕回南港參加醫學會，並計畫會議一結束，我就近從南港跳上高鐵，南下台南去陪他。所有的車班和時間，我都仔細掐算好了。

沒想到的是，我才離開台南，就接到電話，說我先生已跑到高鐵站買票回台北了。我只好匆忙把演講報告完，並臨時請託別人代理座長主持工作，再火速趕回家，把他重新帶出門，坐上高鐵回到台南會場，讓他及時上場主持醫學會，我坐在台下第一排他抬眼就能見到的位子，他才順利完成那次主持。

心力交瘁的我，一度暴瘦、開刀住院

那段時間，我猶如一個人上兩個班。每每陪他完成任務，我再趕回診所看診或為病人開刀。似乎也看出他對我的依賴，只要有重要行程，他的祕書便事先預約我陪同出席。他一有狀況，醫院也馬上打電話給我。

我成天提心吊膽，很怕聽到電話響，只要有一點風吹草動，我就以最快的速度奔去陪伴他或化解窘境。在高度緊張中，我維持多年的體重直往下掉，一度瘦到只剩四十七公斤。我知道體重急速變輕是危險的。

過去就算發生天大的事，只要有我先生陪伴，我都能安然入睡；因相信就算天塌下來，他絕對會保護我。他剛發病時，晚上我躺在床上，會不由地恐懼，擔憂明天會出什麼緊急情況，能不能應付？擔心自己沒法隨時跑去救援。那段時間我總以他優先，只要他需要，我會立刻放下手上的一切衝去他身邊。

二〇二〇年，我生了一場重病，得住院手術。那手術要全身麻醉、手術時間很長，跟我一起手術的病友都住院兩周以上。而我是手術後隔天，就勉強自己下床了，再隔天我就出院回家了，我太記掛我先生，不回家我無法安心。

我在台大醫院開刀時疫情正熾，防疫規定陪病或探視者只能有一人，而我已請了看護。護理長知道我先生要來看我，熱心說：「院長要來，我來設法。」因他曾任台大醫院院長，護理長特別為他申辦了一張探病證。

沒想到我先生來到自己工作大半輩子的台大醫院，手上還拿著探病證，面對門口警衛例行性的防疫詢問，他竟然無法回應。

還好警衛打電話到護理站詢問，護理站趕緊派人下樓去接他。他好不容易到我的病房時，滿頭大汗，連領帶都溼透了，狼狽地說：「我來了。」

此時才確認他是失智症而非恐慌症

拖著病體出院回家後，我十分虛弱吃不下飯，我想去隔壁餐廳吃碗鍋燒麵。不料他竟斷然說：「不要！」聽到他的率然拒絕，我難過傷心之餘，也終於接受這個事實：我的先生真的生病了。

他一向疼愛我，能為我做的事他從不推卻。在以往，我若住院開刀，他一定常來醫院關照我。如今他連來醫院探視我都像場災難。我當時還以為是恐慌症使然。但在他執意不肯陪我去吃麵時，我確定他真的病了，他已非往昔的他，且絕非恐慌症。不久後他申請退休，轉看別的醫師，才釐清罹患失智症。

二〇二二年，可能真的太累了，我又因嚴重的下背痛，數度進出醫院接受脊椎微創手術等治療。病痛不停夾擊我，我仍一心一意照顧我先生。

坦白講，我也有脆弱的時刻。在極疲憊時，我禁不住想，如果他沒生病，該多好，縱使他沒辦法再去上班，但凡他只要正常一點，日子應會好過許多。

有時候，我會懇求他說：「你趕快好起來，好不好？」在整個家一團糟時，我也生氣地想：「你怎麼故意把自己弄成這個樣子來折磨我呢？」理智上我當然知道他絕非故意生病，只是，沮喪和怨怒還是伴隨勞累湧來。

有時悲從中來我抱著他直哭，他也緊抱著我問：「你為什麼哭了？」似乎不理解發生什麼事。有時面對我的責難，他一語不發地咬緊牙根生悶氣。

以前是他抱緊我，耐心安撫我，要我別擔心，他會解決一切保護我。以前我深信只要他在，我就永遠不會有憂愁呀。

而此刻，他完全變了樣，需要我全心全天的照顧。我非常願意陪伴照料他。但在疲憊和憂慮的煎熬下，身心接近極限，我忍不住想著，我倆好像手拉手站在懸崖邊，我該帶他走其它路嗎?幸運的是，我沒有忘記求助。

照顧者如何回到本來的生活

——別在意外界那些負面說法，對自己以及被照顧者做最好的安排，努力過正常的生活

二〇二三年底，照顧的重擔快壓垮我，我想著：再這樣下去，我們終將一起走向毀滅。我有些朋友即因無法承受病痛和衰老，選擇結束自己的生命。

我自知必須做出改變。**在崩潰邊緣，依然是我先生拉住了我。我反問自己：「如果生病的是我，他會怎麼照顧我？」**依他的個性，他應該會如常地去上班，請專業的人來照料我。以前我生病時，他曾試著下廚，但煮出來的食物完全不能吃。加上他根深柢固的「男女授受不親」觀念，他應會找最好的看護人手來幫忙，每天回來後陪伴我，帶我出門。

我從照顧第一線退出，反而漸入佳境

透過這種換位思考，我豁然開朗，我苦情苦撐三、四年，似乎只證明我並非最佳照顧者，親力親為並不一定最好。

我下定決心要回到自己的生活，重新安排我先生的照顧計畫，改由二女兒阿迪和旅長等為照顧主力，我逐漸從照顧第一線退出。

經過一年驗證，我先生因此得到更好的照應。我們相處的時光和品質也變好了，我順利重回醫療工作。我切身體會到，專業照顧和家人的陪伴，各有其不可取代的價值。慢慢地，漸入佳境，我們甚至又能出國旅行了。

阿迪酷愛韓劇，夢想著去韓國看浪漫的大雪紛飛。每次我問她，想去哪裡玩，她總答說：「阿嬤，我想去看雪。」二〇二四年一月，我和我先生、阿迪、旅長及兼任導遊的旅長太太共五個人，一起去了韓國。

那真是一場美好的旅行。我們抵達韓國的第一晚，才吃過晚飯，窗外雪花翩然而下，二女兒興奮陶醉於雪中的模樣，感染了我們。我先生也很享受導遊安排的行程及美食。此行讓我有機會與照料我先生的二女兒、旅長等人相處，觀察他們的細膩照護，益發理解，就像醫學術業有專攻，照顧工作也是，更印證我的假設：必要時的確應該請專業的人來。

設計「照顧日程表」給照顧團隊，我重回以往日常

後來我還設計了一個照顧日程表，請他們按表執行。目標就是維持我先生的身體乾淨清爽，並有足夠的運動量。

這個日程表如今已落實成為他的日常生活：

我先生每天六點半起床，六點半到七點半吃早餐，七點半到九點為上廁所時間，九點到下午一點由旅長陪同他與二女兒出門遊山玩水兼運動。下午一點到兩點間回家午餐，兩點到三點午睡。三點到六點間，二女兒陪他去小公園散步或拉單槓。六點半我下診回家與他共進晚餐。吃完晚飯他看電視，準時在九點上床睡覺。日日照表操課，生活非常規律。

除了日課表，我還安排旅行計畫，兩個半月到三個月，我們夫妻倆和照顧團隊出門玩五天。二〇二四年一月我們去韓國，三月去沖繩，六月去澎湖，九月原訂要去印尼，順便帶二女兒返家省親，但因我先生腎功能出了些問題，最後只有我一人前去出席醫學會。十月我們去了苗栗，看了龍騰斷橋等名勝。二〇二五年上半年，已去過越南和韓國釜山。

二女兒很有攝影天分，每次出遊總替我們拍攝滿是陽光閃著幸福的照片。這樣的小旅行，不僅讓我們與照顧團隊能一起放鬆，也讓我有機會在二女兒及

旅長的協助下，參與照顧工作，又不至於太勞累或太傷感。

我懸著的心終能漸漸放下，逐步重拾我曾經的日常生活。我曾任職的馬偕醫院老同事聚會，我已缺席多年，我再度能參加了。我又可四處演講，甚至可以出國參加醫學會。不必再擔心我在講台上講到一半手機突然響起，不得不草草結束趕回去救援了。

我先生會回答五個字的形容詞了

最近我先生除了走路比較不順，得牽著他行動，其它如語言表達、各項健康檢查數字，都大有進步。顯見群策群力各司其職的照顧方式奏效了。

一天早上他被罰坐在廁所裡，因為他還沒有上完大號。我要去診所上班了，進去親他一下說再見，順便問他：「你為什麼不趕快上完？」他回答說「現在還沒有。」哇，他回答了五個字，以前他常只答兩個字如「不行」或「可以」。他最近表達能力進步很多，還很會用形容詞。那天，我就這樣帶著「五個字」的快樂，幸福滿滿地去上班。

回首來時路，沒有改變的是，他依然是我心裡最愛的人，我沒有放棄期望。我先生是一個重承諾的強人，他跟我保證過，終生對我說話算話。他說：

「如果我約妳在哪裡見面，我就一定會在那裡等妳。」**我相信，他一定會在約好的地方等著我，即使用爬的，他也會爬去約好的地方。**

他的意識如果還在的話，為了我一定不會放棄，會慢慢地進步，慢慢地靠近我等待之處。我是懷著這個盼望，穩步向前。我七十五歲了，也許能活到八十歲吧，有生之年，希望我先生能一直陪在我身邊。

正因走過幽谷，我願意把經歷過的事寫下來，我想要鼓勵跟我一樣的照顧者們，別太在意那些「這個病沒藥醫」之類的負面消極評論，更重要的是對自己及被照顧者，做最好的安排，追求過正常的生活。必要時切記向外尋求協助，找專業人士來搭手幫忙。

照顧的日子難免起起伏伏，我們還是能與失智的家人，共享幸福時光。我帶著先生及關懷照看他的人，像家人般一起出遊，心中總有深深的感激。

在沖繩旅遊時，我們去吃日本料理，二女兒高舉一隻鼓足氣的河豚，河豚和她的笑臉一樣圓，我先生嚴肅正經地看著這一幕。這張照片我每看必笑。

除了兒女定期探視外，我尤其感謝二女兒的陪伴。許多聘用外籍看護的長照家庭跟我們一樣，與外籍朋友們成了新的家人。阿迪的印尼看護朋友，曾獲蔡英文總統頒獎。二女兒對我們家的貢獻，真的很值得頒給她一座大獎。

謝謝你留下來陪我

——透過他凝視我的眼神、簡單的話語回應、溫柔放鬆的表情，不管他是否完完整整地回來，我已感受到他回來了

我最艱難的一檯手術

二〇二四年三月十日，我開了一檯人生中最艱難的手術，親手替我的先生，做了背部褥瘡擴創手術。替親人開刀，對我並不特別也不困難，但當我為他刮除那片壞死的組織時，淚水忍不住滑落。因為以我多年的臨床經驗，只有病人快「沒救了」，才會出現這麼嚴重的褥瘡。

過去兩、三年，有二女兒阿迪、旅長等人幫忙，我先生每天都會出門運動，本不該出現褥瘡的。然而，二月底某天，他爬山大量出汗後突然昏厥，短暫時間躺臥在地。幾天後，他的背部出現壓瘡。

一看到他的褥瘡出現皮膚血色不佳，我的職業直覺是「糟了！」起初仍抱

著希望，先採用保守療法，幫他塗藥膏、貼人工皮。幾天後，保守治療不僅無效，還出現局部組織壞死。處理傷口原就是整形外科的專長，及早手術，將褥瘡壞死的組織切除避免感染，方能順利養肉。我決定明快處理。

三月十日下午，我先生來到我的診所手術房。我告訴他背部傷口有狀況，我要做個小手術，問他，可以嗎？他用一向的豪爽回答我：「可以。」安排他俯臥手術檯上時，他還肯合作，等到打局部痲醉針時，他大喊出聲，那聲哀鳴，宛如利刃刺入我的心臟，難以承受。在眾人安撫下，他慢慢安靜下來。

看著他驚人的褥瘡傷口，我淚水奪眶而出

擴創手術是個簡單手術，只需把壞死的組織剪除清乾淨即可。但是那傷口愈清愈大，壞死的組織遠超過預期，最後竟刮除出一個鵝蛋般大、深可見骨的驚人傷口。我一邊刮除，一邊佯裝堅強柔聲安慰：「你的背部有壞掉的組織，我幫你切掉，就會好了。」

然而，我的淚水還是奪眶滴落在他的傷口上。這是我作為外科醫師從未犯過的不專業錯誤。心驚心碎交織，我實在難以自持。他怎會長出這樣嚴重的褥瘡？是身體差到快沒救了嗎？他真的要離開我了嗎？

不過，我迅速恢復冷靜，仔細清理傷口並塗藥。推測他的身體內可能潛藏其它問題。**抽血檢驗果然顯示，腎功能不佳且有貧血等，這也正是長者好發褥瘡的原因。找到病因好好治療，相信還有轉機。**

我們女兒也加入治療，她真是好幫手，單靠我一人恐怕難以應對。女兒一生視父親為偶像，沒想到，最終與我一樣成為整形外科醫師。

女兒接手後續治療。她去亞東醫院購置大量醫材藥品。我們母女倆制定了一個每日護理計畫：每天早中晚各換藥一次，傷口塞銀離子藥布，再用泡棉式人工皮敷料覆蓋，減少感染，促進癒合。為了長期換藥，我們用人工皮取代膠布，避免黏貼處皮膚過敏。

在傷口護理之外，還配合調整營養和藥物，同步治療腎功能不佳、貧血、結石等問題。期間仍盡力維持他的運動量，小心避免再發生褥瘡。

隨著傷口癒合，他的認知能力也在回復

皇天不負苦心，每天三次換藥，兩個月後，巨大的傷口居然長出大半新生組織，開始收合。合併營養調整和施用造血素等治療，到了十二月，他背部的傷口終告痊癒。

感謝醫療進步，有效的藥品醫材有助療傷治病，女兒的悉心照料更是功不可沒。她特別選用最好的敷料和藥膏，仔細替父親換藥，把含銀離子的敷料確實塞到傷口裡面，促進新組織生長。連我這個老醫師都難以置信，我們竟只靠換藥，就把那麼大的傷口換到徹底痊癒。

我先生的褥瘡恢復得很慢，花了九個月，過程煎熬。**但命運似乎會在最絕望時施予恩賜。隨著新生組織緩慢重生，他的認知功能也在不知不覺中重拾。**

一聽「來餐廳吃飯囉」，就能自己走到餐桌旁

最近他已能自行走到特定地點。例如，在臥室時，我對他說：「爸比，我們去餐廳吧。」他便自己走到餐廳。他已經很久沒辦法這樣做了，即使給他穿上鞋頭有雷射光學引導的鞋子，也無濟於事，仍需他人攙扶引導。他的主見也回來了，過去幾年他依我們安排的時間吃飯，最近他會主動說，他想吃飯了。

忙碌的兒子與女兒每周至少回來聚餐一次，他們也說，爸爸確實在進步。有一天，孫子對我說：「阿嬤，我知道，你從來都不會放棄，對不對？」我好奇他為何如此說。孫子說：「因為爸爸說，你對阿公就是永遠不會放棄。」

我讀了日本腦神經科醫師寫的關於失智的文章。專家說，失智者還是能清

楚意識到，是否有人愛他，是否感到幸福。我先生就是一個很好的例證。我經常對他說：「我好愛你，可以嗎？」曾經，他對我的甜言蜜語不理不睬，嘴巴緊閉，假裝聽不見。最近，我對他說：「我愛你，我好愛你。」他會回答說：「我也是。」

有天早上，我家三個女人圍坐在他身邊，開玩笑對他說：「你好像皇帝哦，你有三個女人愛你，幸福嗎？」他被我們逗樂了，大聲且明確地答道「幸福！」

不管他是否完完整整地回來，但我已感受到他回來了。透過他凝視我的眼神、簡單的回應和溫柔放鬆的表情，對我來說，這樣的陪伴就很有意義了。

我為什麼要公開林院長生病的事

但我明白：公開他生病的事及我們如何應對失智症，並非身邊所有的人都贊成。甚至有人擔心，外界會否質疑我們在消費他的病情。如果能夠選擇，我寧願將他的病情嚴密隱藏起來，讓大家永遠只記得睿智且總是心懷家國和病人福祉的林芳郁。

然而，正因為對他的理解，我不得不勉強而為。他必然會說：「只要是對的，就該去做。」他一生都在救治病人，他應會希望以自己為例，一個真正的

失智者，讓國人能更重視失智症；也會願意分享五年來真實的病程及照顧經歷，以及我們如何以他為師，得以成為老練的照顧者。

我也想以自己崎嶇的長照歷程，奉勸照顧者，單靠自己事必躬親，未必是最佳照顧方案。懂得求助專業人手幫忙，才能長久走下去。

前陣子，我的手臂旋轉肌斷裂，在家休息。重新請回的一位陪讀老師剛好來陪我先生讀書。我在客廳一隅坐著聽他們上課，發現我先生在跟讀和識字上大有進步，他又能讀國小一年級的書了。有好長一段時間，他連幼稚園的書都沒有辦法讀。

陪讀老師把他以前讀過的書，又拿出來，陪著他邊講邊讀。課文講羊奶奶在花園裡面種了好多美麗的花。老師指著插圖問他，課本裡「有什麼花呢？有玫瑰花，玫瑰花是什麼花？」我先生很有興味，眼睛張得又圓又亮，仔細聽著老師講解。課文裡很多字，他多數不認得，但他又能認得「大」、「小」等字了。

這微涼午後，我靜靜地坐在溫暖舒適的客廳裡，聽著他和陪讀老師的問答，彷彿看到遠方的他慢慢抬起步伐，眼中滿含愛意地朝我走來，他走得很緩很慢，但對我已是最大的禮物。**我相信，有一天，他一定真的會回來的。**

寫給在苦難中的照顧者

——唯有樂觀以對，才能在日後回頭重溫時，仍能感受到人生的美好

我們家族中有一對恩愛老夫妻雙雙年逾九十，原是白頭偕老的最佳典範，先生退休前是知名企業董事長，太太也曾是大學教授。意外的是，最近他們兒女都急急從國外趕回來，說是兩老天天大打出手。

原來老先生擔憂太太的血壓、血糖和血脂都略微偏高。偏偏太太堅持要睡到自然醒，也從不吃早餐。先生認為不吃早餐會耽誤吃藥，所以天一亮就把太太叫醒吃早餐，好按時服藥。太太火大說，都活到這個歲數，幹嘛為了吃藥不能好好睡覺。兩人各執一詞，一對資深璧人吵得不可開交。

今年過年前，我在門診看到一位女病人，我很詫異她怎會放任乳癌惡化至此才就醫。她臉色悽然地說，夫妻倆在職場都很出色，大半年前先生突然開始

生病，一度還中風。在台北、桃園大小醫院輾轉奔波就醫，始終得不到確切的診斷，一度懷疑是重症肌無力。後來病情急轉直下，因肺炎住進加護病房。她說：「林醫師，我的先生在加護病房，我還不能去治療乳癌。」

台灣進入超高齡，不是照顧者就是被照顧者

這兩個真實故事裡，都有一位盡責的照顧者身影。隨著台灣進入超高齡社會，我們終其一生，若非照顧者就是被照顧者。我寫這本書，其實是想以自己的故事，建議每個人，要對人生的後半段照顧歷程，預為規畫。

我們都想編寫自己的人生劇本，但最終都不會照劇本演出。「照顧」這件事，不是你天天去運動、天天吃好睡好，它就不會降臨。在我們走向人生終點前，必然會與它交手。這是一門應該先學習的功課。

我對這本書的設想，是期待你讀完書，對照顧的歲月能懷著較樂觀的想法。唯有樂觀以對，才能在日後回頭重溫時，仍能感受到人生的美好。

我很喜歡看電影。電影讓平凡如我輩，能隨著引人入勝的情節，領略先行者的洞見及智慧。可能是人生的際遇和這幾年的照顧經驗，讓我在許多鍾愛的老電影裡，都看出並領悟到照顧的真理與深情。

若出現暴力行為，一定要送醫求助

最典型的就是「美女與野獸」，我看過好多次電影和舞台劇。劇中美女善良聰明且不放棄希望，最終幫助野獸解除魔咒，重新變回王子。在我看來，那王子就是一個病人的化身，幸運地在美女照料下，得以變身為王子重獲新生。

另一部我非常喜歡的電影是「E.T.外星人」。E.T.就猶如生了怪病或是失智的人，與這個世界格格不入，幸好獲得主角小男孩的接納，成為心靈相通的朋友，還在小男孩的幫助下，成功「打電話回家」。小男孩像個笨拙的照顧者，一度還與被照顧的E.T.同陷危境。幸而小男孩也像個聰明照顧者，懂得適時向外請求支援，最後在哥哥及朋友們合力相助下突圍，最後一起飛騰上天，把E.T.順利送回家，迎來溫馨的結局。照顧者照顧病人時，也會碰到類似的情境，記得要開口跟外界求助，才會有圓滿結果。

不過，我們也看到，「美女與野獸」中的美女，因缺乏藥品幫忙，無法讓抓狂的野獸鎮定下來。而「E.T.外星人」中的孩子們，也沒有醫藥資源可治療重病的E.T.，束手無策只能找媽媽。相形之下，我們何其有幸。因為有醫師及藥品的幫忙，可以讓狂亂的病人慢慢平靜安定下來，重新回到原來的生活。

我要鄭重提醒讀者，不管你是照顧者或被照顧的人，不能貿然停藥。讀者在此書中，看我似乎仗著有醫師執照，隨意替我先生停藥。除非你有醫藥專業或獲得醫師的同意，否則絕不能學我自行停藥。

其次，被照顧者如出現暴力行為，不管導因於躁症或嚴重的鬱症表現，一定要送醫求診。不要像我，最初以為只要靠著好好照顧，就能化解或壓制我先生的精神症狀，事實證明是錯的，最後仍得送他去住院治療。

如果你照顧的人有暴力行為，你一定非常難過，必然跟我當初一樣苦惱，也找不到安養院願意收容這樣的病人。千萬要記得我的建議，一定要去找醫師幫忙，讓病人穩定到你能接受或接手的狀況。

一定要按醫囑服藥：我把藥藏在食物裡

醫師給的藥，我們一定要依醫囑，讓被照顧者確實服下。正處於躁症或鬱症階段的病人，勢必不肯乖乖服藥。我是將藥品藏在食物中，如橘子、香蕉、木瓜、雞蛋、飯食或果汁裡，總之就是想方設法讓病人服下。唯有被照顧者穩定下來，我們才有餘裕思考下一步。

失智症的專家常說，每個失智者都不同，沒有一套放諸四海皆適用的照顧方法。我把失智照護理論分為四類：

有一類是證實派。即主張失智者的行為仍有跡可循，如果能善加觀察仔細揣測，還是能證實並進而理解他們的需求。例如，有的失智者大叫可能是害怕驚恐，有的可能是要上廁所。即強調以同理心來體諒並回應他們的需要。

第二類理論，則著重以病人為中心。應視每個失智者為獨立個體，不應因其失智而抹煞其獨特性，建議為病人設計專屬的照顧方法，尊重並支持病人的個性或專長。例如，協助一位有失智症的美髮師，繼續幫人做頭髮。

第三類是失智的地圖。也就是讓失智者重回他熟悉的老家、上學的地方或工作職場，在最適宜的地方提供照顧。

第四類則是應營造一個適合失智者的社會模式。就是將情境、照顧者和照顧方法都統合起來，再考慮失智者的行為情緒等，提供一個最好的全人化的照顧。相關的照護學說和理論很多，可參考是否適合採用，但不必勉強比照。

找到一個雙方都能安適的照顧模式

假如，你跟以前的我一樣，正處在苦難之中，如果失智的家人還有力氣打你，我想安慰你，要慶幸他或她還是很有體力的。因為他或她很快就會沒有力氣再打你了。也不要為他們亂穿衣服發怒，因為他們可能很快就沒辦法自己穿衣服了。

隨著病程演進，照顧者最難熬的痛苦與無盡的忍耐終會過去，終能找到一個雙方都安適的照顧模式。失智照顧者不妨抱持希望和想像力，設想我們正在扮演「美女與野獸」裡的美女，好心腸、聰慧且有滿滿的耐心，總有一天可以把野獸變成王子。

在照顧的旅程中，總是懷有盼望

林芳郁長年全心專注為病人開心臟搶救生命，他常說自己在積陰德，未來可保護家人。他也常說，罕病病人實則是替眾人分擔疾病風險，因此國家社會理應照護他們。像我就相信，他正是替代了我們生病的。

前幾天是我先生病後我們第一次接受朋友的邀宴。席間有老友對我說，我很辛苦。但我並不以為苦，反而覺得我先生以這個方式回到我身邊，挺好的。朋友們覺得希奇並佩服我的想法，說我不像其他照顧者般滿腹苦水。

所以，在苦難中的你，不妨也給自己一點理由，為自己打氣，並找到努力的方向。期望你能跟我一樣，在照顧的旅程中，總是懷有盼望。

寫給
在苦難中的
照顧者

大半生都為搶救病人生命奔忙，病後的林芳郁終於能和妻子靜享雪地的陽光。

襯著夕陽，林芳郁柔情的凝視，是林靜芸最大的慰藉。

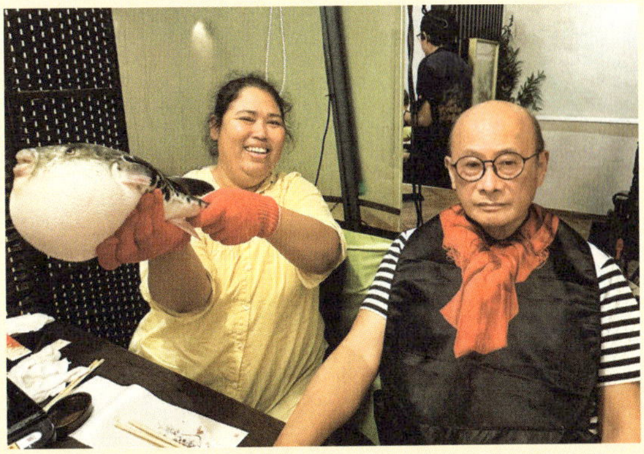

在沖繩旅遊時，生性樂觀又愛笑的阿迪（左）高舉一隻鼓足氣的河豚，和她的笑臉一般圓，林芳郁嚴肅正經地看著這一幕。這張照片林靜芸每看必笑。

採訪後記

患難生忍耐．忍耐生老練．老練生盼望．盼望不至於羞愧

洪淑惠

我是懷揣著「應該不會出版吧！」的心情，協助整理這本書。

畢竟書中主角，是台灣最知名的醫師夫妻檔，也是台灣人能想像最完美的人生典型。同樣系出醫師世家的一對台大醫科高材生，結褵恩愛半個世紀，各有難以超越的履歷與地位。一位歷任三大醫學中心院長和衛生署長，一位是台灣第一個女外科醫師、人稱整形外科教母。一雙子女，一位是台灣最具知名度的網路創業家兼電信界最年輕的CEO，一位繼承父母衣缽成為出色的整形外科醫師。如此顯赫風光的才子佳人故事裡，一生理應沒有失敗，也不會生病衰老的。但是，林靜芸醫師做了不一樣的選擇。

二〇二四年七月某天，林靜芸醫師來電話說，想找我一起為林芳郁院長寫一本書。我問她，為何不自己寫？她已是多本暢銷書的作者，她在聯合報開的專欄曾創下單篇逾百萬的點閱數。她聲音低低地回我：「當年我想替父親寫一本書，可是太傷心了，從他過世到現在，都沒寫出來。」

三十年前我因採訪結識林靜芸醫師，我見證她成為名聞遐邇的整形外科醫師，也看她快速掌握寫作技巧，斜槓成為名作家。她的文風真誠，文字簡白，蘊含深摯感情，總為讀者送上鼓勵和暖意。

我的第二個提問，書中必然要提到林芳郁院長的健康狀況，所以「會出版嗎？」林醫師回我：「我們來努力出版吧。」就這樣，我們開始每周四的約會。能發表固然不錯，不能發表，也為歷史和自己留下見證，這是我的打算。

早先，林醫師告訴我，林芳郁院長失智了。她覺得該跟我這老朋友說一聲。我沒提，好久前已意外得知此事。不問，是因我的老母親失智逾十年，我理解要消化和接受家人失智，需要時間；要向外界說明家人失智，更需要勇氣。尤其這位失智者，是在醫界備受敬重的林芳郁院長。我很佩服林靜芸醫師肯公開他的病情，我深知她看重林院長遠勝過自己。

訪談中，林靜芸醫師真的無所不談了。這本書能成書，要歸功於林醫師是位出色的說書人，記性好且情節生動。她不提自身的不凡，反而常袒露真性情，不惜以笨拙示人，表白對他的崇拜，映襯林芳郁院長自己從來不談的成就。

我也才領悟，林靜芸醫師過去鮮少提及林芳郁院長。原來林院長為了保護她，一生都要她與自己的職務保持距離，她也真的不過問。

這般自持與尊重，讓我們在整理院長的專業軌跡時，遇到不小困難。林院長會花錢請專人整理病人的心臟手術病歷，好能在多年後病人回診時，按圖索驥，找出當年哪一針縫得不夠完美。因此我們找得到他的諸多手繪手術摘要。可是林院長顯然不曾想過，要整理自己的豐功偉業、得獎紀錄、重要工作里程碑等。

所以，除了林醫師的口述外，我們只好努力在台大醫院等多所醫院及眾多醫學會中搜尋，加上聯合報的資料庫，最終找到很多連院長家人都沒看過或早已淡忘的資料。

林芳郁院長如今已難以應付這樣的訪談，所以本書邀請多位與林芳郁院長共事過的醫界故舊及林院長家人，接力說故事，像拼圖般，儘可能重溯林芳郁院長的專業紀錄，重新介紹這位廣為人知，但實則知之甚少的醫界泰斗級人物。我要特別感謝台大醫院心臟外科虞希禹主任協助斧正，並補充許多林院長的心臟外科專業及歷程。

我們也很難找到聚焦在林芳郁院長個人的表彰性資料。而他明明是國際醫界公認的心律不整手術權威，也是台灣多項重要醫療改革，如建立緊急救護技術員（ＥＭＴ）制度及病人安全等的推手。

原因無他，除了不善言詞，他低調謙沖，不標榜自我，不誇耀功績。他對台灣醫療的貢獻，明顯被低估了。我期待這本書能稍稍補足這個缺角，記錄林芳郁院長無聲有光，靜默行遠的足跡，這或許也是我作為一個老醫藥記者的反省。

林靜芸醫師是可遇不可求的受訪者。本書許多引人入勝的導言和金句都出於她的講述。如同每次手術前預作流程規畫般，訪談前她會先做好筆記，標註重點。訪談作結，若非以兩人的堅貞愛情來自我鼓舞，就是以自己的照護經驗勉勵讀者。

與林院長的深篤感情讓她堅強，兩人從醫師變為病人及照顧者，繼續以醫者仁心，親身示範以太陽般的心靈愛家人，活出幸福。我們要做的就是儘可能原汁原味地記錄，因好故事不需過度修飾就會動人。在談及林院長發病過程，平靜克制如她忍不住落淚，還不忘道歉：「我沒有打算要哭的。」

親友並不全然贊同她公開林院長的病情。我很欽佩林醫師沒有退卻，也能看出她做決定背後的倔強：

第一，她不認為林院長失智有何不可告人之處，不能因為失智症的汙名化，就要她把深愛的男人藏起來。她要能堂堂正正地帶他出門，正大光明地享受餘生。因為他已把所有的心智奉獻給社會，生病並沒有對不起誰。

林醫師的勇敢，是難以企及的。身為公眾人物，沒有選擇躲藏掩飾。她決定牽著林院長的手，直面這個疾病。能不能改變他人的觀感，她不在意。

第二，依她對林芳郁院長的理解，他一輩子所思所想，就是救人助人。如果公開自己的病情，能讓政府和各界更重視失智症，他會點頭支持的。

第三，林靜芸醫師曾說，許多失智照護書籍，可能考慮保護失智者，常未能描述，最要緊的吃喝拉撒睡等照顧細活，而這些才是失智者日常的重中之重。所以她的敘述具體而微到如廁排泄細節，也直視最沉重的照顧難題：萬一被失智家人拳腳相向，或照顧前景一片晦暗時，要如何打起精神，與被照顧者繼續走下去，千萬不能玉石俱焚。

她的決定既泰然且專業，就像平常在診間，向病人演示如何消毒照護傷口一樣。只是這次，她打開的是她與林院長的傷疤。以疾病、眼淚和瘀傷，展示如何從試錯中精進，進階成為聰明老練的照顧者，重拾生活秩序與美好。今年四月的某日早晨，我陪同林院長一行人，在碧潭晨運。我確實看到林院長的眼神、言語和反應已然好轉，林院長還給我一個特大號微笑。

我們是相濡以沫的訪談者。林靜芸醫師談如何吻遍林院長的臉，我跟她談失智臥床多年的老母。她開解我，只要父母還在，照顧他們，生活就會有力量。當年我與家人因無法兼顧年邁的老爸，只能把失智老母送到一家能找到最好的安養中心。

我和林醫師兩人都相信，不管採取哪種照顧模式：在家自己照顧，或請外籍看護等幫手，或是送到機構安養，只有最適合、沒有所謂最好的照顧方案。所以此書絕非只推薦單一照顧模式。

但作為職業疑心病重的記者，我不斷追問探查，以他們無人能出其右的雄厚醫學背景、人脈和經濟條件，他們的經驗，是否是一般人能複製仿傚？事實上，這也是林醫師非常在意的。這促使她做了最坦誠的分享。

從中讀者能看到，他們經歷的跌宕起伏，與你我無異。林靜芸醫師與所有照顧者一樣，會害怕會哭泣，也同樣在求醫過程屢遭挫敗及多次誤診；還要同時面對自己的疾病及脆弱。她貴為名醫，也跟我一樣，苦於失智家人不洗澡、不換衣服、在外徹夜遊走，有家不回。只是她沒有被打敗，抹去眼淚後，就抬起頭，找幫手找資源，堅定意志，逢山開路，遇水搭橋。

他們的子女成材也常回家探視，但畢竟正值人生最忙碌階段。所以林醫師選擇聘用外籍看護，作為幫手也成為新家人；再加上雇用半天的運動陪練者等，組建照顧團隊，讓她又能重回醫療工作。

林院長也在安適規律的生活中，從發病初期的混亂，慢慢回復清明。林靜芸醫師也仔細算帳，教如何省錢且安全地帶失智者出門旅行。還諄諄勸導，要及早作好財務規畫以備安老。

這本書值得所有照顧者一讀。但我更想推薦擔心失智症的人和自認情深意重的夫妻也來讀。因為從寬推估，二十年後，台灣可能會有九十萬名失智者。本書有專業醫學建議，有實戰的照顧訣竅，更是夫妻相扶相依到老的參考書。

林靜芸醫師說起她與林院長的愛情故事，甜蜜浪漫地像個小女孩。但她也務實理解，難免有些人是抱著看八卦的心情，來窺看他們的生活隱祕。她曾掙扎是否要發表此書，我見證了其間的心情轉折，期待讀者能體會她傾注的心血及真情。她深願自己的勇敢，能保護林院長不至於被傷害，也希望自己從挫折中重生的勇氣，能為照顧者打氣，帶去祝福與慰藉。

我鍾愛聖經中一段經文：「患難生忍耐．忍耐生老練．老練生盼望．盼望不至於羞愧」，似乎恰是林院長伉儷這段旅程的最佳註解。

以往我不懂何謂「盼望不至於羞愧」，直到我看到林靜芸醫師不畏冷眼冷語，依然不放棄對林院長的愛，依然盼著他有朝一日能好轉，並盡最大的努力，要確保林院長即使忘記全世界，也不會忘記「靜芸」是她的名字。

才終於體會：即使我們一心翹盼，別人眼中看似不可能的事，但是老天是仁慈且聽禱告的，最終的結局就算不全然如我們所望，但終究不會落空的。這或許就是林靜芸醫師說的，她已看到林院長正緩緩向她走回來的真意。

最後，我想把林芳郁院長及林靜芸醫師兩人素樸且頑強、真誠不喧嘩的生命故事，獻給所有的失智症照顧者，祝福你走過的地方和未來的道路。

謝謝你留下來陪我

為失智者、照顧者找出口
林靜芸醫師勇敢書寫林芳郁院長的故事

出　　版　聯合報健康事業部
作　　者　林靜芸、洪淑惠
主　　編　蔡佳安
圖片來源　林靜芸提供、聯合報系資料庫
文字編輯　郭品嫻
美術設計　Jin+Two
封面設計　Jin+Two
校　　勘　徐梅屏
行銷企畫　馮樹妍
地　　址　22161新北市汐止區大同路一段369號
電　　話　(02)8692-5588
印　　刷　中原造像股份有限公司
二版二刷　2025年07月
ISBN　978-626-7035-38-2
國家圖書館（CIP）資料

國家圖書館出版品預行編目(CIP)資料

謝謝你留下來陪我 / 林靜芸, 洪淑惠合著. --
一版. -- 新北市 : 聯合報健康事業部, 2025.06
320面 ; 17*23公分
ISBN 978-626-7035-38-2(平裝)
1.CST: 林芳郁 2.CST: 醫師 3.CST: 失智症
4.CST: 照顧者 5.CST: 傳記
783.3886　　114007615